상상[上]상[글] N1

문자 / 어휘

예빈우
도서출판

목차

구성과 특징

Part. 1

[한자 읽기]

기존의 일본어능력시험은 한 문장에서 한 문제 이상이 출제되었으나 신 일본어능력시험은 한 문장에 한문제가 출제된다. 한자읽기문제의 비중은 줄었지만, 독해나 문법, 청취문제를 풀기 위해서 한자읽기문제를꼼꼼하게 공부할 필요성이 있다. 그리고 한자를 찾는 문제는 출제되지않기 때문에 비슷한 한자의 구분은 별도로 준비하지 않아도 될 것이다. 주로 명사문제가 출제되나, 동사나 형용사, 형용동사 파트에서도 출제될가능성이 조금 있다. 하지만, 그 수는 아주 적다. 그러나 앞에서도 언급한 것처럼 다른 파트를 위해서도 세세하게 공부해 둘 필요성이 있다. 그리고, 한자음 명사를 외울 때는 그 단어의 한자읽기를 그냥 외우는것 보다는 한자의 예외읽기를 체크하면서 외우면 한자공부가 더욱 더 효율적이 될 것이다. 본 교재에서는「key point」를 통해서 예외 읽기 및 관련된 어휘를 충분히 설명해 두었다.

Part. 2

[공란 메우기]

이 파트는 이른바 공란메우기 문제이다. 보기에 나와 있는 어휘의 정확한 의미와, 문장에서의 바른 쓰임을 정확하게 알아야만 풀 수 있다. 7문제 중, 한자음 명사는 4문제 이상 차지하며, 그 외에 동사, 형용사, 형용동사, 부사 등의 문제가 출제될 것인데, N1에 다루는 형용사, 형용동사, 부사는 그 수가 한정되어 있기 때문에, 이 품사부터 집중적으로 공부해 두는 것이 고득점을 올릴 수 있는 비결이다. 그리고 한자음 명사는 한자를 한국어로 음독을 정확하게 알고 있으면 어렵지 않게 문제를 풀 수 있지만, 가끔은 한국어와는 조금 다른 뉘앙스로 쓰이는 단어도 있다. 따라서 본 교재에 있는 한자음 명사를 공부할 때, 학습자 본인이 알고 있는 단어의 뉘앙스가 다를 경우 반드시 체크해서 암기하도록 하자. 한자음 명사의 대비는 본 교재에 나오는 한자를 꾸준히 공부를 하면 어렵지 않게 극복할 수 있을 것이다.

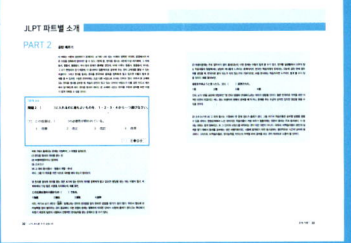

Part. 3

[유사어 찾기]

「비슷한 단어 및 표현 찾기」문제이며, 2010년부터 N1에서 새롭게 추가된 문제이다. 그 단어가 원래 가지고 있는 의미를 아는 것도 중요하지만, 그 단어가 문장 속에서 어떤 의미로 사용되는 지도 파악해야만 하는 경우도 있다. 즉, 기본적인 어휘력을 묻는 문제도 출제되지만, 어떤 단어가 문장에서 어떤 의미로 사용되고 있는가를 묻는 문제이기도 하다.

Part. 4

[단어의 바른 쓰임]

이 파트가 N1 문자/어휘파트에서 가장 어려울 것이다. 왜냐하면, 단어의 정확한 의미와 뉘앙스, 문장에서의 바른 쓰임까지 같이 알아야 하기 때문이다. 이 파트는 높은 수준의 어휘의 뜻이나 뉘앙스를 묻는 문제는 출제되지 않겠지만, 그 단어가 가지고 있는 정확한 의미를 모르면 정답을 찾기가 쉽지 않다. 어떤 특정한 품사에서만 출제되지는 않고, 모든 품사, 심지어는 문법적인 문제까지도 출제될 가능성이 크다. 본 교재에 있는 문제만으로는 완벽한 대비는 할 수 없겠지만, 출제되는 문제의 형식이나 수준을 판단하기에는 충분하며, 어떤 문제가 출제되더라도 정답을 찾을 수 있는 능력은 키울 수 있을 것이다.

JLPT 파트별 소개

PART 1 　한자 읽기

기존의 일본어 능력시험은 한 문장에서 한 문제 이상이 출제되었으나 신 일본어 능력시험은 한 문장에 한 문제가 출제된다. 한자읽기문제의 비중은 줄었지만, 독해나 문법, 청취문제를 위해서 한자읽기문제를 꼼꼼하게 공부할 필요성이 있다. 그리고 한자를 찾는 문제는 출제되지 않기 때문에 비슷한 한자의 구분은 별도로 준비하지 않아도 될 것이다. 주로 명사 문제가 출제되나, 동사나 형용사, 형용동사 파트에서도 출제될 가능성이 있다. 하지만, 그 수는 아주 적다. 그러나 앞에서도 언급한 것처럼 다른 파트를 위해서도 세세하게 공부해 둘 필요성이 있다. 그리고, 한자음 명사를 외울 때는 그 단어의 읽기를 그냥 외우는 것보다는 한자의 예외 읽기를 체크하면서 외우면 한자 공부가 더욱 더 효율적일 것이다. 본 교재에서는「KEY POINT」를 통해서 예외 읽기 및 관련된 어휘를 충분히 설명해 두었다.

6문제 ▶▶

問題 1 _____の言葉の読み方として最もよいものを、1・2・3・4から一つ選びなさい。

1 彼は責任感が<u>欠如</u>していることを指摘された。

　　1　けっじょ　　　　2　けつじょ　　　　3　けっにょ　　　　4　けつにょ

1	① ❷ ③ ④

총 6문제가 출제되는데, 학습량에 비해서는 높은 점수가 나오지 않는 파트이다. 따라서 이 파트를 공부할 때는 고득점을 목표로 하기보다는, N1에서 필요한 한자능력을 키우는데 중점을 둬야 한다. N1에서는 많은 한자를 알고 있어야만 독해를 원활하게 할 수 있다. N1합격의 열쇠는 독해에 의해 좌지우지된다고 해도 과언이 아니다. 따라서 문자어휘파트는 독해나 청취에서 고득점을 받기 위한 과정이라고 생각해도 무방할 것이다. N1에서는 한자 찾기 문제는 출제되지 않으므로 한자를 정확하게 숙지하는 학습방법보다는 어떤 한자를 보았을 때, 그 의미가 무엇인지를 정확하게 아는 것이 중요하다. 그리고 새로운 유형의 N1의 한자 읽기 문제는 탁음이나 장ㆍ단음의 구분을 묻는 문제는 거의 출제되지 않는다. 따라서 학습자들은, 이 파트를 공부할 때, 꼼꼼한 준비(탁음이나 장ㆍ단음의 구분)보다는 그 한자와 관련된 다른 어휘가 무엇이 있고, 그 한자의 음(한국어의 의미)를 정확하게 파악하는 것이 무엇보다 중요하다는 것을 명심하자.

問題 1　＿＿＿＿の言葉の読み方として最もよいものを、1・2・3・4から一つ選びなさい。

1　その調理場はあまり衛生的でない。

　　1　えいしょう　　　2　いせい　　　　3　えいせい　　　　4　えいじょう

2　彼女はスペインの衣装をつけて踊っていた。

　　1　いそう　　　　　2　いしょう　　　3　ぎしょう　　　　4　ぎそう

3　倉庫の中には雨具が入っている。

　　1　あまぐ　　　　　2　あめぐ　　　　3　あまく　　　　　4　あめく

4　光がカーテンの隙間から漏れていた。

　　1　ぬれて　　　　　2　もれて　　　　3　それて　　　　　4　ばれて

5　この国には大富豪がとても多い。

　　1　ふこう　　　　　2　ふごう　　　　3　ふうごう　　　　4　ふうこう

6　記事の執筆を依頼された。

　　1　しゅひつ　　　　2　しゅつぴつ　　3　しっぴつ　　　　4　しゅうひつ

7 製品から微量の毒物が検出された。

　　1　みりょう　　　　2　びりょう　　　　3　しりょう　　　　4　ひりょう

8 彼女は叔父さんの所に下宿している。

　　1　かじゅく　　　　2　かしゅく　　　　3　げじゅく　　　　4　げしゅく

9 政府は病気と貧困を退治するため努力した。

　　1　たいし　　　　　2　たいじ　　　　　3　たいち　　　　　4　だいち

10 時代によって清濁は変化する。

　　1　せいたく　　　　2　せいだく　　　　3　しょうたく　　　　4　じょうだく

11 窓の外で鈍い音がした。

　　1　のろい　　　　　2　もろい　　　　　3　だるい　　　　　4　にぶい

12 彼の運転はりっぱな運転の模範である。

　　1　もはん　　　　　2　もうはん　　　　3　ぼはん　　　　　4　もへん

13 スキーの一行は嵐に巻き込まれた。

    1　あらし　　　　2　あられ　　　　3　はたけ　　　　4　よだれ

14 殺人犯の正体は未だにわかっていない。

    1　せいたい　　　2　しょうたい　　3　そうたい　　　4　ぞうたい

15 印鑑証明書が必要です。

    1　にんがん　　　2　いんがん　　　3　にんかん　　　4　いんかん

16 欧米人は東洋人より体格が大きい。

    1　おうまい　　　2　きゅうまい　　3　おうべい　　　4　きゅうべい

17 銀行から500万円の融資を受けた。

    1　ゆうしゃ　　　2　ようしゃ　　　3　ゆうし　　　　4　ようし

18 人体には何十億もの小さな細胞がある。

    1　さいぼ　　　　2　さいほう　　　3　せいぼう　　　4　さいぼう

19 あの教会はキリスト教的な色彩が濃い。

　　1　しょくさい　　　2　しきさい　　　3　じきさい　　　4　いろさい

20 車輪は軸を中心として回転する。

　　1　つぼ　　　　　　2　じく　　　　　3　がけ　　　　　4　はね

21 医者が勧告したのに酒を止めなかった。

　　1　けんこく　　　　2　けんこう　　　3　かんこく　　　4　かんこう

22 油絵の展覧会が開かれた。

　　1　あぶらが　　　　2　あぶらえ　　　3　ゆうが　　　　4　ゆうえ

23 医療費が10万円を越えたので税金の控除を受けられた。

　　1　こうじょ　　　　2　こうぜい　　　3　くうじょ　　　4　くうぜい

24 船は狭い海峡を通って無事に港へ誘導された。

　　1　しゅうとう　　　2　ゆうとう　　　3　しゅうどう　　　4　ゆうどう

25 世界の気候はだんだん温暖化している。

1 おんだん 2 おんたん 3 おんなん 4 おんらん

26 彼のロープを握る手が緩んだ。

1 のぞんだ 2 ゆるんだ 3 はげんだ 4 あやぶんだ

27 彼はその本を書くのに3年の労力を費やした。

1 ついやした 2 はやした 3 もやした 4 いやした

28 彼の指揮でその交響曲が演奏された。

1 しい 2 しぎ 3 しき 4 しっき

29 新しい鉄道ができて、半島一周旅行が1日短縮された。

1 だんしゅく 2 たんしゅく 3 だんじゅく 4 たんじゅく

30 他国と同盟を結んだ。

1 どうみょう 2 とうみょう 3 どうめい 4 とうめい

31 彼は犬を避けようとしてハンドルを右に切った。

    1　かけよう　　　　2　よけよう　　　3　まけよう　　　4　とけよう

32 そのホテルは５人の料理人を雇っている。

    1　すくって　　　　2　やとって　　　3　うばって　　　4　からかって

33 余暇をさいて庭の手入れをした。

    1　ようが　　　　　2　よが　　　　　3　ようか　　　　4　よか

34 この針は電流に敏感に反応します。

    1　みんかん　　　　2　びんかん　　　3　ひんかん　　　4　じんかん

35 必死に防火に努めた。

    1　ぼうか　　　　　2　ぼうび　　　　3　ほうか　　　　4　ほうび

36 税金の滞納による差し押さえを食った。

    1　ていなつ　　　　2　たいなつ　　　3　たいのう　　　4　ていのう

37 仕事は円滑に進んでいる。

    1 えんがつ   2 えんかつ   3 えんごつ   4 えんごつ

38 洪水警報が解除された。

    1 かいじょ   2 かいしょ   3 かいせい   4 かいざい

39 彼女を誘惑して金を盗ませた。

    1 いわく   2 りゅうわく   3 ぎわく   4 ゆうわく

40 組合は4月15日にストを構えている。

    1 そなえて   2 かまえて   3 あたえて   4 かぞえて

41 弾力的な規則を適用した。

    1 だんりき   2 たんりき   3 だんりょく   4 たんりょく

42 著名な学者の講演会が開かれた。

    1 しょみょう   2 しょめい   3 ちょみょう   4 ちょめい

43 あなたの伝言を彼に伝えます。

　　1　てんげん　　　2　てんごん　　　3　でんげん　　　4　でんごん

44 当社は鉄鋼一次及び二次製品を取り扱う商社です。

　　1　てっけい　　　2　てっこう　　　3　てつこう　　　4　てっきょう

45 やっと博士課程を終えた。

　　1　はかし　　　　2　はっせ　　　　3　はかせ　　　　4　はくせ

46 政治犯が米国大使館に保護を求めた。

　　1　ほうご　　　　2　ほうごう　　　3　ほご　　　　　4　ほごう

47 彼女のこの業績は十分に誇るに足るものだ。

　　1　ほこる　　　　2　まさる　　　　3　ばける　　　　4　にぶる

48 問題を概念的に捕えてほしい。

　　1　きねん　　　　2　ぎねん　　　　3　かいねん　　　4　がいねん

49 疑惑の目で見れば物事は疑わしくなってくるものだ。

　　1　ぎこく　　　　2　ぎわく　　　　3　いわく　　　　4　きわく

50 川に土手を築いた。

　　1　とて　　　　　2　とで　　　　　3　どで　　　　　4　どて

51 小包を書留で送った。

　　1　しょどめ　　　2　しょとめ　　　3　かきとめ　　　4　かきどめ

52 不満をこれ以上抑制できない。

　　1　おくせい　　　2　よくせい　　　3　こくせい　　　4　ごくせい

53 その辞書は大いに改善の余地がある。

　　1　よち　　　　　2　よじ　　　　　3　ようち　　　　4　ようじ

54 彼の良識ある行動を期待している。

　　1　りょうしき　　2　ようしき　　　3　りょうしょく　4　ようしょく

43　あなたの<u>伝言</u>を彼に伝えます。

　　1　てんげん　　　2　てんごん　　　3　でんげん　　　4　でんごん

44　当社は<u>鉄鋼</u>一次及び二次製品を取り扱う商社です。

　　1　てっけい　　　2　てっこう　　　3　てつこう　　　4　てっきょう

45　やっと<u>博士</u>課程を終えた。

　　1　はかし　　　　2　はっせ　　　　3　はかせ　　　　4　はくせ

46　政治犯が米国大使館に<u>保護</u>を求めた。

　　1　ほうご　　　　2　ほうごう　　　3　ほご　　　　　4　ほごう

47　彼女のこの業績は十分に<u>誇る</u>に足るものだ。

　　1　ほこる　　　　2　まさる　　　　3　ばける　　　　4　にぶる

48　問題を<u>概念</u>的に捕えてほしい。

　　1　きねん　　　　2　ぎねん　　　　3　かいねん　　　4　がいねん

49 疑惑の目で見れば物事は疑わしくなってくるものだ。

1 ぎこく 　　　 2 ぎわく 　　　 3 いわく 　　　 4 きわく

50 川に土手を築いた。

1 とて 　　　　 2 とで 　　　　 3 どで 　　　　 4 どて

51 小包を書留で送った。

1 しょどめ 　　 2 しょとめ 　　 3 かきとめ 　　 4 かきどめ

52 不満をこれ以上抑制できない。

1 おくせい 　　 2 よくせい 　　 3 こくせい 　　 4 ごくせい

53 その辞書は大いに改善の余地がある。

1 よち 　　　　 2 よじ 　　　　 3 ようち 　　　　 4 ようじ

54 彼の良識ある行動を期待している。

1 りょうしき 　 2 ようしき 　　 3 りょうしょく 　 4 ようしょく

55 総理の突然の解任は政界を揺さぶった。

    1　すさぶった　　　2　やさぶった　　　3　ゆさぶった　　　4　よさぶった

56 計画が実行されるかどうかは危ういものだ。

    1　たたうい　　　2　もろうい　　　3　あぶうい　　　4　あやうい

57 桟橋で釣りをしている人がいた。

    1　さんばし　　　2　さんはし　　　3　せんばし　　　4　せんはし

58 うちの母は子供の頃から私が転寝をしたら、鬼のようにすごく怒鳴った。

    1　ころぶね　　　2　ころびね　　　3　ころね　　　4　うたたね

59 この犯罪小説を読んで大筋を書きなさい。

    1　たいきん　　　2　だいきん　　　3　おおすじ　　　4　だいすじ

60 竹で作った竿で柿をとった。

    1　かご　　　2　がけ　　　3　さお　　　4　つえ

61 学歴を誇示したがるものは大体自信がないものが多い。

1 かじ　　　　2 こじ　　　　3 かいじ　　　　4 こうじ

62 上司に「下半期に対する目論見を提出しろ」といわれた。

1 もくろみ　　　2 もくろんけん　3 めろみ　　　　4 めろんけん

63 河原でころがると背中に石があたった。

1 かわはら　　　2 かわら　　　　3 かわげん　　　4 かげん

64 あのチームが優勝したって驚くにあたらない。冬休みにメンバ全員が２ヶ月も合宿

したから。

1 ごうしゅく　　2 ごうじゅく　　3 がっしゅく　　4 がつじゅく

65 救急隊は迅速な措置を行った。

1 じんそく　　　2 しんそく　　　3 じんぞく　　　4 しんぞく

66 組合は団体交渉権を求めた。

1 こうせつ　　　2 こうぜつ　　　3 こうしょう　　4 こうせい

67 ここは鉱山労働者の多いところだ。

　　1　ごうざん　　　　2　こうざん　　　　3　ごうさん　　　　4　ごうざん

68 間接照明が健康にいいそうだ。

　　1　てりあき　　　　2　そうめい　　　　3　ちょうめい　　　　4　しょうめい

69 日米の首脳は新たな通商条約に調印した。

　　1　しょうにん　　　2　しょういん　　　3　ちょうにん　　　4　ちょういん

70 大気中の二酸化炭素はごく微量に含まれている。

　　1　だんそ　　　　　2　だんそう　　　　3　たんそ　　　　　4　たんそう

71 大勢の人の前で演奏するのが、小さいころから夢だった。

　　1　えんそう　　　　2　えんぞう　　　　3　えんしょう　　　　4　えんじょう

72 留守番電話のメッセージを消去した。

　　1　じょうきょ　　　2　じょきょ　　　　3　そうきょ　　　　4　しょうきょ

73 <u>大望</u>を胸に故郷を後にした。

   1 だいもう   2 たいもう   3 だいぼう   4 たいほう

74 年に1度は所得を<u>申告</u>しなければならない。

   1 じんこく   2 じんこう   3 しんこく   4 しんこう

75 あの小説家は<u>簡潔</u>な文章で有名だ。

   1 がんけつ   2 かんけつ   3 がんげつ   4 かんげつ

76 不完全<u>燃焼</u>な高校を送った私は今の高校生達にはそんな高校生活を送ってほしくはない。

   1 えんしょう   2 せんしょう   3 ぜんしょう   4 ねんしょう

77 足を滑らせて崖から<u>転落</u>した。

   1 でんらく   2 てんらく   3 ころおち   4 でんおち

78 テストのたびに実力のなさを<u>痛感</u>する。

   1 とかん   2 つかん   3 とうかん   4 つうかん

79 短銃を腰に<u>帯びた</u>警官が多数警戒にあたった。

1 おびた 　　　2 さびた 　　　3 かびた 　　　4 のびた

80 <u>誤差</u>は３秒以内です。

1 おうさ 　　　2 ごうさ 　　　3 おさ 　　　4 ごさ

81 今度の優勝は血と汗と涙の<u>結晶</u>だ。

1 けっそう 　　　2 けっしょう 　　　3 けっちょう 　　　4 けっちゅう

82 全ての投手はブルペンで肩を<u>慣らした</u>。

1 あらした 　　　2 ならした 　　　3 そらした 　　　4 のらした

83 物乞いに来た老人に食べ物を<u>恵んだ</u>。

1 あゆんだ 　　　2 いどんだ 　　　3 おがんだ 　　　4 めぐんだ

84 若いころには、泣きながら夜を<u>明かした</u>こともあった。

1 まかした 　　　2 おかした 　　　3 あかした 　　　4 いかした

85 会議が終わると、彼の表情は緩み、いつものくだけた調子に戻った。

1 かすみ　　　　2 からみ　　　　3 あゆみ　　　　4 ゆるみ

86 受賞パーティーを仕切ってくれないか。

1 ときって　　　2 しきって　　　3 しぎって　　　4 とぎって

87 机上の空論ではなく、実情に即した議論を尽くしてほしい。

1 そくした　　　2 ぞくした　　　3 もらした　　　4 たらした

88 涙で彼女の目が霞んだ。

1 かすんだ　　　2 あやぶんだ　　3 はばんだ　　　4 いとなんだ

89 掲示板にポスターを掲げた。

1 なげた　　　　2 さげた　　　　3 ささげた　　　4 かかげた

90 無駄と知りつつ抵抗を試みた。

1 たえみる　　　2 しみた　　　　3 かえりみた　　4 こころみた

91 ありが砂糖に<u>群</u>がっている。

1 からがって　　2 むらがって　　3 たたがって　　4 あつがって

92 彼は上官の命令に<u>背</u>いて処罰された。

1 さいて　　　　2 せいて　　　　3 たたいて　　　4 そむいて

93 経理の仕事に<u>携</u>わっている。

1 こだわって　　2 たずさわって　3 すわって　　　4 いわって

94 <u>似通った</u>現象が各地で起こった。

1 じとおった　　2 にとおった　　3 にかよった　　4 じかよった

95 よい花を咲かせるために、余分な花を<u>摘</u>んだ。

1 やんだ　　　　2 しんだ　　　　3 あんだ　　　　4 つんだ

96 これまで<u>歩</u>んできた道を振り返ってみた。

1 かすんで　　　2 あゆんで　　　3 たのんで　　　4 うんで

97　彼女は３カ国語を操ることができる。

　　1　あやつる　　　　2　うすめる　　　　3　おさめる　　　　4　こする

98　あちこちから成功を危ぶむ声が聞こえた。

　　1　ういぶむ　　　　2　きぶむ　　　　　3　あやぶむ　　　　4　あぶぶむ

99　彼の何気ない一言が彼女を傷付けた。

　　1　なにげない　　　2　なにけない　　　3　なんけない　　　4　なんげない

100　日米間には悩ましい問題が山積している。

　　1　のぞましい　　　2　このましい　　　3　いさましい　　　4　なやましい

101　この切ない思いをどうすることも出来ない。

　　1　せつない　　　　2　ぜつない　　　　3　すくない　　　　4　きりない

102　あれだけ頑張ったのが、すべて空しい努力だったと分かってがっかりした。

　　1　いちじるしい　　2　いさましい　　　3　くわしい　　　　4　むなしい

103 平たい言葉で話してほしい。

    1　びょうたい　　　2　へいたい　　　3　ひらたい　　　4　たいらたい

104 こんな渋い柿は食えない。

    1　あらい　　　　　2　しぶい　　　　　3　ぬるい　　　　　4　ゆるい

105 彼女の控え目な態度は、一同に好ましい印象を与えた。

    1　このましい　　　2　なやましい　　　3　のぞましい　　　4　いさましい

106 恥ずかしながら、若いころから半端なまねばかりしてきました。

    1　なかなしな　　　2　はんぱな　　　　3　はんばな　　　　4　はんはしな

107 あのお年で激しい議論をなさるとはお盛んですね。

    1　しょうん　　　　2　せいん　　　　　3　さかん　　　　　4　もるん

108 粋なはからいでうれしいね。

    1　のみな　　　　　2　かごな　　　　　3　わくな　　　　　4　いきな

109　月並みな人間の月並みな日記です。

　　1　がつなみな　　　2　げつなみな　　　3　つきなみな　　　4　けつなみな

110　舞台衣装は、とても華やかなものだった。

　　1　こまやかな　　　2　まろやかな　　　3　あざやかな　　　4　はなやかな

111　今日は華やかで豪華な品々を揃えました。

　　1　ごうかな　　　2　こうかな　　　3　ごはなな　　　4　こはなな

112　土地の境界をめぐって隣家と争った。

　　1　けいかい　　　2　かいかい　　　3　げいかい　　　4　きょうかい

113　侵入者にそなえて警備を強化した。

　　1　こうか　　　2　けいか　　　3　きょうか　　　4　きょうわ

114　原典にあたって引用文に誤りがないかどうかを調べた。

　　1　げんてん　　　2　かんでん　　　3　げんせん　　　4　かんせん

115 こんな負債が多いとは思いもよらなかった。

1 ふうさ 2 ふさい 3 ふうさい 4 ふせい

116 彼は世界的な富豪として有名だ。

1 ふうとう 2 ふごう 3 ほご 4 こうほ

117 近い将来に酪農関係の転職を考えております。

1 らくのう 2 がくのう 3 さくのう 4 やくのう

118 国民一般の生活は極度の窮乏に陥った。

1 きょうほう 2 きゅうほう 3 きょうぼう 4 きゅうぼう

119 政治家が女性の社会進出を阻んだそうです。

1 こばんだ 2 はばんだ 3 からんだ 4 まなんだ

120 原発などに代わる再生可能エネルギーの利用を奨励した。

1 しょうらい 2 そうらい 3 しょうれい 4 そうれい

121　公園の水飲み場に水を導く溝がある。

　　1　みぞ　　　　　2　がけ　　　　　3　わく　　　　　4　たき

122　消耗品費と雑費の違いについてご存知でしょうか。

　　1　しょうもう　　2　しょうも　　　3　しょうぼう　　4　しょうぼ

123　このカメラは大容量バッテリー を搭載している。

　　1　たっさい　　　2　たっせい　　　3　とうさい　　　4　とうせい

124　身の丈にあった小さな商いを始めた。

　　1　いきおい　　　2　あきない　　　3　わざわい　　　4　とまどい

125　労働契約の締結は更新及び雇止めをめぐるトラブル防止のために重要だ。

　　1　たいけつ　　　2　てっけつ　　　3　ていけつ　　　4　はいけつ

126　種々揃えてありますので、ごゆっくりどうぞ。

　　1　しゅうしゅう　2　しゅうじゅう　3　しゅしゅ　　　4　しゅじゅ

127 その記名の横に押印してください。

1 おういん 　　2 そういん 　　3 さついん 　　4 ごういん

128 彼は本当によく頑張ってくれたから、労ってあげよう。

1 ためらって 　　2 ねぎらって 　　3 おぎなって 　　4 からかって

129 今までの常識を覆した学説だった。

1 ごまかした 　　2 たがやした 　　3 ほろぼした 　　4 くつがえした

130 いずれの立場にも与したくない。

1 くみしたくない 　　　　　　2 よしたくない

3 おかしたくない 　　　　　　4 あたしたくない

131 慰謝料の相場は一般的に50万円〜300万円といわれています。

1 ふうしゃ 　　2 いしゃ 　　3 きしゃ 　　4 ししゃ

132 約束を履行するために努めている。

1 いきょう 　　2 いこう 　　3 りきょう 　　4 りこう

133 遅滞なく、そのむねを依頼者に報告しなければならない。

1 ちてい　　　　2 じてい　　　　3 ちたい　　　　4 じたい

134 不祥事などがあると、謹んでお詫びいたします。

1 きしんで　　　2 いたんで　　　3 まなんで　　　4 つつしんで

135 大企業で出世するためには、実力はもちろん処世術も必要となる。

1 ちょせじゅつ　　　　　　　　2 ちょせいじゅつ

3 しょせじゅつ　　　　　　　　4 しょせいじゅつ

136 若手社員が成長していない原因は何だろうか。

1 わかて　　　　2 わかしゅ　　　3 じゃくて　　　4 じゃくしゅ

137 この証明書にはすかし等の不正防止処置を施してあります。

1 あかして　　　2 ほして　　　　3 ほどこして　　4 あたいして

138 機械には若干問題がある。

1 じゃくせん　　2 じゃっかん　　3 わかせん　　　4 わかかん

139 <u>覚書</u>は契約書の補助的な役割をする文書である。

　　1　おぼえしょ　　　2　おぼえがき　　　3　かくしょ　　　4　かくがき

140 どうやら、合意書を<u>交わした</u>社員から情報が漏れていたようだ。

　　1　たわした　　　　2　こわした　　　　3　かわした　　　　4　まわした

JLPT 파트별 소개

PART 2 공란 메우기

이 파트는 이른바 공란메우기 문제이다. 보기에 나와 있는 어휘의 정확한 의미와, 문장에서의 바른 쓰임을 정확하게 알아야만 풀 수 있다. 7문제 중, 한자음 명사는 4문제 이상 차지하며, 그 외에 동사, 형용사, 형용동사, 부사 등의 문제가 출제될 것인데, N1에 다루는 형용사, 형용동사, 부사는 그 수가 한정되어 있기 때문에, 이 품사부터 집중적으로 공부해 두는 것이 고득점을 올릴 수 있는 비결이다. 그리고 한자음 명사는 한자를 한국어로 음독을 정확하게 알고 있으면 어렵지 않게 문제를 풀 수 있지만, 가끔은 한국어와는 조금 다른 뉘앙스로 쓰이는 단어도 있다. 따라서 본 교재에 있는 한자음 명사를 공부할 때, 학습자 본인이 알고 있는 단어의 뉘앙스가 다를 경우 반드시 체크해서 암기하도록 하자. 한자음 명사의 대비는 본 교재에 나오는 한자를 꾸준히 공부를 하면 어렵지 않게 극복할 수 있을 것이다.

7문제 ≫

問題2　（　　　　　）に入れるのに最もよいものを、１・２・３・４から一つ選びなさい。

7 　この法案は、（　　　　　）の必要性が問われている。

　　　１　改修　　　　　２　改正　　　　　３　改訂　　　　　４　改革

| 1 | ① ❷ ③ ④ |

파트 2에서 출제되는 문제는 다양하다. 그 유형을 살펴보면,

(1) 한자음 명사의 의미를 묻는 것
(2) 파생어(접두어나 접미어)
(3) カタカナ
(4) 그 외의 품사(동사 · 형용사 계열 · 부사)

이다. 그럼 이 파트를 어떤 식으로 대비를 해야 하는지 알아보자.

(1) 한자음 명사의 의미를 묻는 것은 보기에 있는 한자의 의미를 정확하게 알고 있으면 정답을 찾는 데는 어렵지 않다. 이 파트에서 가장 많은 비중을 차지하는데, 예를 들면,

この文章は昔の小説からの（　　）である。

1 抽選　　　　　2 摘出　　　　　3 採取　　　　　4 抜粋

이다. 여기서 보기 4번의 「抜粋 : 발췌」라는 단어의 한자음을 알지 못하면 정답을 찾기가 쉽지 않다. 따라서 평소에 한자실력을 많이 쌓아두는 것이 중요하다. 이런 유형의 문제는 정확하게 이러한 단어가 시험에 출제가 된다고는 확신하기 어렵기 때문에 일본어 시험에서 전형적인 한자능력을 묻는 문제라고 할 수가 있다.

(2) 파생어문제는 주로 접두어가 많이 출제되는데, 이런 문제는 어렵지 않게 풀 수가 있다. 한자를 실생활에서 다루지 않는 학습자들의 입장에서는 상당히 까다롭게 느껴지는 문제이지만, 한국인 학습자에게 있어서는, 단순히 공란 안에 접두어를 넣었을 때, 한국어로 말이 되는가 되지 않는가의 구분이므로, N1을 준비하는 학습자라면 누구라도 쉽게 풀 수가 있을 것이다. 예를 들어보면,

会社をやめようと言ったら、父に（　　　）反対された。

1 猛　　　　　**2 強**　　　　　**3 頑**　　　　　**4 厳**

인데, 보기 1번을 공란에 대입하면 「맹 반대–맹렬히 반대하다」라는 의미가 성립될 것이다. 물론 한국어로 직역을 하면 어색한 표현이 되겠지만, 어느 정도 파생어에 대해서 공부를 해 두거나, 문제를 푸는 조금의 감각만 있으면 정답을 찾을 수 있을 것이다.

(3) カタカナ와 (4) 그 외의 품사는 기껏해야 한 문제 정도가 출제가 된다. 그럼 여기서 학습자들은 공부할 방향을 잡을 수 있을 것이다. 현장강의에서 느낀 것이지만, 학습자들이 가장 외우기 힘들어하는 일본어 품사는 주로 동사였다. 이 동사는 외워도 쉽게 잊혀지고, 또 그 단어의 뉘앙스를 파악하는 것이 이만 저만이 아니다. 따라서, N1학습자들이 본인의 실력을 쌓기 위해서 동사를 공부하는 것은 바람직하지만, 시험에 합격하기 위한 동사공부는 절대적으로 시간의 낭비에 불과하다. 그러므로, N1학습자들은, 한자능력을 키우는데 주력을 하며 공부를 하는 것이 여러모로 도움이 될 것이다.

問題 2　（　　　）に入れるのに最もよいものを、1・2・3・4から一つ選びなさい。

1　まだだれにも話していないが、私には（　　　）計画がある。

　　1　おだやかな　　　2　すこやかな　　　3　こがらな　　　4　ろくな

2　ダンボールで作っただけの（　　　）なベッドで暮らす人もいる。

　　1　簡潔　　　　　　2　簡易　　　　　　3　要素　　　　　　4　素材

3　彼女は、自宅でも毎日3時間学習するとても（　　　）な学生である。

　　1　肝心　　　　　　2　勤勉　　　　　　3　強硬　　　　　　4　拡大

4　（　　　）に言うと、正しくない日本語を話す日本人も少なくない。

　　1　厳重　　　　　　2　厳密　　　　　　3　過密　　　　　　4　精密

5　今日の話は、「あいさつの意味」というとても（　　　）テーマだった。

　　1　みぢかな　　　　2　おろかな　　　　3　きまぐれな　　　4　ものずきな

6　どうしてチカンという（　　　）行為がなくならないのだろう。

　　1　おごそかな　　　2　かすかな　　　　3　きざな　　　　　4　おろそかな

7　いつも（　　　）彼には、友人がいない。

　　1　露骨な　　　　　2　簡易な　　　　　3　肝心な　　　　　4　陰鬱な

8　彼は地方の出身で、その（　　　）人柄がみんなに愛されている。

　　1　素朴な　　　　　2　質素な　　　　　3　簡素な　　　　　4　簡潔な

9　毎日同じことを繰り返す、（　　　）日々を送っている。

　　1　単調な　　　　　2　簡単な　　　　　3　単純な　　　　　4　単独な

10　事故の原因が会社にあることが判明し、経営者は責任の重さを（　　　）感じている。

　　1　大切に　　　　　2　親切に　　　　　3　痛切に　　　　　4　忠実に

11　彼の人生は失敗の連続で、とても（　　　）ものであった。

　　1　怠慢な　　　　　2　冷淡な　　　　　3　厳密な　　　　　4　悲惨な

12　情熱の欠けた、意志（　　　）男が増えた。

　　1　貧弱な　　　　　2　薄弱な　　　　　3　貧困な　　　　　4　貧乏な

13　道を歩いていたら、目の前を黒い猫が通り、とても（　　　）予感を覚えた。

　　1　不服な　　　　　2　不審な　　　　　3　不当な　　　　　4　不吉な

14　犯人を追いかけて現行犯逮捕した（　　　）市民がいた。

　　1　優位な　　　　　2　活発な　　　　　3　勇敢な　　　　　4　神聖な

15 どろぼうは（　　　　）手口で民家に侵入した。

    1　好調な　　　　　　2　高騰な　　　　　3　巧妙な　　　　　4　窮屈な

16 やはり結婚相手は（　　　　）な人が良いという女性が多い。

    1　充実　　　　　　2　現実　　　　　3　事実　　　　　4　誠実

17 この商品が（　　　　）であることを証明する保証書を見せました。

    1　本物　　　　　　2　本当　　　　　3　実物　　　　　4　本音

18 編み物は（　　　　）と実益を兼ねています。

    1　人気　　　　　　2　趣味　　　　　3　関心　　　　　4　興味

19 彼女はフランス語の勉強に（　　　　）である。

    1　夢中　　　　　　2　救命　　　　　3　最中　　　　　4　努力

20 その説を（　　　　）を挙げて説明しなさい。

    1　実利　　　　　　2　実物　　　　　3　実例　　　　　4　実技

21 （　　　　）した天候がひと月続いた。

    1　安定　　　　　　2　安易　　　　　3　安全　　　　　4　安心

22 来月から（　　　）で朝、掃除することにした。

  1　交渉　　　　　　2　交代　　　　　　3　交換　　　　　　4　交替

23 がたがた言う音の（　　　）は何だろう。

  1　正直　　　　　　2　正体　　　　　　3　状態　　　　　　4　態勢

24 包装（　　　）で何か手違いがあったらしい。

  1　仮定　　　　　　2　過程　　　　　　3　課程　　　　　　4　課題

25 仏教は朝鮮を（　　　）して日本へ伝わった。

  1　経過　　　　　　2　経理　　　　　　3　由来　　　　　　4　経由

26 道路が凍っているので転ばないように（　　　）しなさい。

  1　用途　　　　　　2　用意　　　　　　3　用心　　　　　　4　用事

27 （　　　）に進んでいた仕事が取引先によって止められた。

  1　純粋　　　　　　2　順調　　　　　　3　好評　　　　　　4　評判

28 駅は反対の（　　　）にあります。

  1　方針　　　　　　2　方角　　　　　　3　一方　　　　　　4　方言

29 やむを得ぬ（　　　）で行かないことにした。

　　1　情報　　　　　2　感情　　　　　3　友情　　　　　4　事情

30 女性に不利な法律は（　　　）すべきだ。

　　1　禁止　　　　　2　閉鎖　　　　　3　廃止　　　　　4　廃棄

31 品物は（　　　）どおりに航空便で送った。

　　1　依頼　　　　　2　信頼　　　　　3　依然　　　　　4　信条

32 今日の日本では交通事故は（　　　）茶飯事だ。

　　1　常識　　　　　2　非常　　　　　3　日常　　　　　4　通常

33 この図は我々の協会の（　　　）を示したものです。

　　1　番組　　　　　2　番付　　　　　3　組織　　　　　4　組合

34 需要と供給は（　　　）な関係を持っている。

　　1　密接　　　　　2　密度　　　　　3　厳密　　　　　4　過密

35 未整理の書類が机の上に（　　　）している。

　　1　集積　　　　　2　業績　　　　　3　功績　　　　　4　山積

36 肥料の（　　　）で収穫が上がらなかった。

    1　欠乏　　　　　2　貧乏　　　　　3　貧弱　　　　　4　窮屈

37 この仕掛けは（　　　）な目的で作られた。

    1　特定　　　　　2　特徴　　　　　3　特色　　　　　4　特殊

38 古い建築物を（　　　）した。

    1　研修　　　　　2　修復　　　　　3　修辞　　　　　4　編集

39 これは更年期障害の（　　　）の改善によく効く薬です。

    1　現状　　　　　2　症状　　　　　3　状態　　　　　4　状況

40 村がどれだけの水害にあったかは（　　　）されていない。

    1　筆記　　　　　2　記号　　　　　3　登記　　　　　4　記録

41 彼は職務（　　　）で職を失った。

    1　怠業　　　　　2　怠慢　　　　　3　浪漫　　　　　4　散漫

42 茶色の（　　　）のカーテンがかけてあった。

    1　無限　　　　　2　無地　　　　　3　無用　　　　　4　無理

43 海外旅行は（　　　）な経験でした。

1　有利　　　　　2　有機　　　　　3　有無　　　　　4　有益

44 彼の（　　　）は逆立ちして歩くことだ。

1　特産　　　　　2　特別　　　　　3　特権　　　　　4　特技

45 （　　　）を期するために記名投票にした。

1　公共　　　　　2　公式　　　　　3　公正　　　　　4　公平

46 微生物による（　　　）が従来にもまして深刻になってきている。

1　危害　　　　　2　災害　　　　　3　障害　　　　　4　迫害

47 彼は収入に（　　　）した家に住んでいる。

1　適当　　　　　2　適度　　　　　3　担当　　　　　4　相当

48 姉妹は（　　　）に父親の看護をした。

1　交番　　　　　2　交互　　　　　3　交際　　　　　4　交換

49 彼の成功の（　　　）はほとんどない。

1　確定　　　　　2　明確　　　　　3　確率　　　　　4　確信

50 (　　　)解約のため、保険会社に内容証明を送った。

    1　中古　　　　　2　中途　　　　　3　中継　　　　　4　中年

51 彼は美人の娘を(　　　)している。

    1　自慢　　　　　2　自身　　　　　3　自給　　　　　4　自足

52 壁と壁の間は少なくとも5メートルの(　　　)が欲しい。

    1　間隔　　　　　2　格差　　　　　3　隔離　　　　　4　差別

53 駐車中の車が歩行者の(　　　)を妨げている。

    1　通勤　　　　　2　通行　　　　　3　通過　　　　　4　通知

54 君はとても疲れているようだから十分な(　　　)が必要だ。

    1　休業　　　　　2　休養　　　　　3　休講　　　　　4　休耕

55 アフリカ諸国に経済(　　　)を与えた。

    1　救助　　　　　2　助手　　　　　3　援助　　　　　4　助力

56 新工場は本社(　　　)内に建設した。

    1　基地　　　　　2　敷居　　　　　3　敷地　　　　　4　団地

57 森林が破壊されると（　　　）を招くかもしれない。

    1　災難　　　　　　2　苦難　　　　　　3　困難　　　　　　4　至難

58 子供向けの（　　　）なテレビ番組が少なくなってしまった。

    1　建設　　　　　　2　健在　　　　　　3　健全　　　　　　4　封建

59 工場の騒音について付近の住民は（　　　）を訴えた。

    1　苦労　　　　　　2　苦役　　　　　　3　苦脳　　　　　　4　苦情

60 専門家に言われて交通法規を（　　　）した。

    1　改良　　　　　　2　改造　　　　　　3　改善　　　　　　4　改正

61 群衆は彼らのけんかを（　　　）していた。

    1　見解　　　　　　2　見当　　　　　　3　見習　　　　　　4　見物

62 輸入したものは全部税金を（　　　）された。

    1　削除　　　　　　2　免除　　　　　　3　解除　　　　　　4　除去

63 政府は公務員の不法ストの指導者を（　　　）処分にした。

    1　警戒　　　　　　2　懲戒　　　　　　3　徴候　　　　　　4　懲役

64 国籍不明の潜水艦が沖に（　　　）した。

    1　出身　　　　　　2　出現　　　　　　3　出席　　　　　　4　出頭

65 先月の利益は（　　　）少ない。

    1　案内　　　　　　2　不安　　　　　　3　提案　　　　　　4　案外

66 （　　　）よく稼ぐためのよい情報を提供します。

    1　効果　　　　　　2　効能　　　　　　3　効率　　　　　　4　効力

67 株価は下がる一方だろうと専門家は（　　　）している。

    1　観察　　　　　　2　観光　　　　　　3　観測　　　　　　4　観念

68 大変お（　　　）をかけて申し訳ありません。

    1　手数　　　　　　2　手際　　　　　　3　手品　　　　　　4　手軽

69 集計した各県別の人口数の（　　　）をこの表に公開しています。

    1　番組　　　　　　2　番付　　　　　　3　組織　　　　　　4　組立

70 この風習の（　　　）は15世紀にさかのぼる。

    1　起源　　　　　　2　源泉　　　　　　3　元値　　　　　　4　根源

71 彼の体力は（　　　）に達した。

1 期限 2 限界 3 限定 4 限度

72 そのような犯罪は（　　　）に処罰すべきだ。

1 厳禁 2 厳重 3 厳格 4 荘厳

73 債務者に貸した金の（　　　）を請求した。

1 返却 2 返還 3 返事 4 返済

74 みんな（　　　）の下敷きになって死んだ。

1 車掌 2 車輪 3 車庫 4 汽車

75 子供が自動車を壊したんだから（　　　）しなければならない。

1 弁解 2 弁当 3 弁償 4 弁護

76 彼らはすっかり（　　　）して体操選手の妙技を眺めていた。

1 感情 2 感想 3 感心 4 感覚

77 今回の（　　　）で彼は九州へ転勤になった。

1 移動 2 稼働 3 騒動 4 異動

78 小説の中の主人公は（　　　）の人物である。

1　空想　　　　　2　真空　　　　　3　架空　　　　　4　上空

79 （　　　）もできない窮地に追い込まれた。

1　発想　　　　　2　構想　　　　　3　想像　　　　　4　感想

80 この国の国民である限りは国の法律に（　　　）される。

1　制約　　　　　2　規制　　　　　3　制度　　　　　4　束縛

81 ある国が我が国の外交政策に（　　　）しようとした。

1　交渉　　　　　2　干渉　　　　　3　説得　　　　　4　納得

82 この本は他の作品からの（　　　）が多い。

1　引退　　　　　2　引力　　　　　3　強引　　　　　4　引用

83 私は娘に離婚しないように（　　　）した。

1　説得　　　　　2　演説　　　　　3　説教　　　　　4　説明

84 危機にあたっても（　　　）を保つのは重要だ。

1　冷静　　　　　2　冷淡　　　　　3　冷房　　　　　4　冷凍

85　(　　　)で100メートルの競走順番を決めた。

　　1　選挙　　　　　2　抽選　　　　　3　選考　　　　　4　厳選

86　今度の事件は金が万能の時世が生んだ(　　　)だ。

　　1　抽象　　　　　2　推理　　　　　3　現象　　　　　4　想像

87　必要は(　　　)の母であると言われている。

　　1　発見　　　　　2　発想　　　　　3　発明　　　　　4　発起

88　会社の不渡りは我々にとって(　　　)な損失である。

　　1　莫大　　　　　2　雄大　　　　　3　壮大　　　　　4　最大

89　彼の最後の言葉が強烈に(　　　)に残っている。

　　1　現象　　　　　2　印象　　　　　3　抽象　　　　　4　象徴

90　ほとんどの化学薬品は(　　　)に扱わなければ危険である。

　　1　自重　　　　　2　貴重　　　　　3　尊重　　　　　4　慎重

91　彼女の(　　　)なドレスにみんな目を奪われた。

　　1　シック　　　　2　フロント　　　3　ユニーク　　　4　ビル

92 中学校の時から切手の（　　　）をしている。

1 ライター　　　2 メディア　　　3 コレクション　4 ブラシ

93 あの店は（　　　）長が直接お客さんの前で料理をしてくれる。

1 ファスナー　　2 マッチ　　　　3 キャプテン　　4 コック

94 車が２台入る（　　　）つきの家がほしい。

1 ハンガ　　　　2 ガレージ　　　3 ポンプ　　　　4 マスコミ

95 うちの会社は、頑張ろうにも、何の（　　　）もなくってね。

1 インセンティブ　2 ソリューション　3 コミッション　4 オプション

96 （　　　）産業というのは、消費者からのニーズがありながらいままでにそれに
対する供給がなかった市場を狙った産業のことを言います。

1 シミュレーション　2 ニッチ　　　　3 カルト　　　　4 デジャビュ

97 世界（　　　）トップの日本企業はたくさんあります。

1 キープ　　　　2 ストック　　　3 シェア　　　　4 チャージ

98 恋愛について集めた（　　　）CD が発売された。

1 アーカイブ　　2 エスニック　　3 フェミニスト　4 オムニバス

99 君たちが立てた（　　　）は、根本からおかしい。

　　1　アジェンダ　　　2　パラドックス　　3　ヘゲモニー　　　4　レトリック

100 上司はこの（　　　）の意味がよく分かっていないらしい。

　　1　エリート　　　　2　イシュー　　　　3　リザーブ　　　　4　オンパレード

101 私はコーヒーをこぼして彼女の新しい服を（　　　）にしてしまった。

　　1　たてまえ　　　　2　しあがり　　　　3　にづくり　　　　4　だいなし

102 彼は（　　　）な態度をとっていた。

　　1　あいだがら　　　2　あいま　　　　　3　あやふや　　　　4　あとつぎ

103 湖の（　　　）を一人で歩いた。

　　1　ほとり　　　　　2　ふきん　　　　　3　むじゃき　　　　4　みなもと

104 教授の（　　　）にはいつも感動している。

　　1　ひとかげ　　　　2　ひやけ　　　　　3　ひとがら　　　　4　ひとけ

105 荷物は割れやすいものなので（　　　）に気をつけてください。

　　1　とりはからい　　2　とりくみ　　　　3　とりあつかい　　4　とりしまり

106 今日は仕事に追われて（　　　）一日だった。

1　あわただしい　　2　うっとうしい　　3　くすぐったい　　4　いやらしい

107 この状態だと成功は（　　　）。

1　とぼしい　　　　2　もろい　　　　　3　あやうい　　　　4　あやしい

108 夏にかぎらず、年間を通じての行楽客の数は、年々（　　　）増加を見せている。

1　あっけない　　　2　いちじるしい　　3　しつこい　　　　4　のぞましい

109 この仕事はなかなか（　　　）ですね。

1　おれない　　　　2　われない　　　　3　なれない　　　　4　ふれない

110 この平野は二つの県に（　　　）いる。

1　まじえて　　　　2　まごついて　　　3　またがって　　　4　まかなって

111 敵の攻撃は（　　　）ことなく続いた。

1　とおざかる　　　2　とぎれる　　　　3　とじる　　　　　4　とぼける

112 彼は共同墓地に（　　　）。

1　ぼけられた　　　2　ほうむられた　　3　ほころびられた　4　ほえられた

113 地元住民の強い反対で原子力船の寄港が（　　　　）。

   1　はまられた　　　2　はばまれた　　　3　ばてられた　　　4　はれられた

114 地震に（　　　）毎月15日に訓練があります。

   1　備えて　　　　　2　構えて　　　　　3　損なって　　　　4　鍛えて

115 数万年にわたった石が（　　　）丸まってしまった。

   1　すたれて　　　　2　すえて　　　　　3　すれて　　　　　4　ずれて

116 人気女優が到着するや新聞記者が（　　　　）。

   1　とりくんだ　　　2　とりまいた　　　3　とりついだ　　　4　とりよせた

117 彼は大学卒業後、K社と正社員としての契約を（　　　）来日しました。

   1　むすんで　　　　2　くずして　　　　3　つないで　　　　4　こわして

118 靴のひもが（　　　）しまった。

   1　へりくだって　　2　ぬけだして　　　3　ほどけて　　　　4　さしつかえて

119 今年の私の誕生日はちょうど日曜日に（　　　　）。

   1　いたる　　　　　2　しめる　　　　　3　むける　　　　　4　あたる

120 少し緊張した気配がガランとした会場に（　　　）いました

  1　ふまえて　　　　2　さだまって　　　3　とだえて　　　4　ただよって

121 秋の半ばには庭には（　　　）花が２、３本残っているだけだった。

  1　しみた　　　　　2　しくじた　　　　3　しいた　　　　4　しなびた

122 彼女は彼の幸せな結婚を（　　　）いた。

  1　このんで　　　　2　きざんで　　　　3　へこんで　　　4　ねたんで

123 完全犯罪を（　　　）のは絶対無理である。

  1　なしとげる　　　2　おいつける　　　3　とりくむ　　　4　いましめる

124 部長は、都会に疲れ、（　　　）田舎で暮らしたいと言った。

  1　おごそかな　　　2　ややこしい　　　3　とうとい　　　4　のどかな

125 当社は、（　　　）雰囲気の職場環境作りを大切にしています。

  1　なごやかな　　　2　はかない　　　　3　つきなみな　　　4　とぼしい

126 女優は（　　　）白のドレスを着ていた。

  1　ゆるやかな　　　2　むやみな　　　　3　きらびやかな　　4　つぶらな

127 国民は政府に（　　　）政策実現を求めた。

  1　かすかな　　　　2　すみやかな　　　3　なれなれしい　　4　まぎらわしい

128 電話の応対が（　　　）会社は生き残れない。

  1　おろそかな　　　2　おろかな　　　　3　はかばかしい　　4　きまりわるい

129 救急隊員のおかげで（　　　）死をまぬがれた。

  1　てんで　　　　　2　ことごとく　　　3　よりによって　　4　かろうじて

130 （　　　）やったことが台無しになった。

  1　一向に　　　　　2　かえって　　　　3　つとめて　　　　4　ひいて

131 自ら（　　　）やる仕事は楽しいでしょう。

  1　いたって　　　　2　すすんで　　　　3　まして　　　　　4　さほど

132 私が会社に入れたのは（　　　）この本のおかげだと思う。

  1　さも　　　　　　2　かりに　　　　　3　ひとえに　　　　4　むやみに

133 子供たちは、（　　　）楽しそうに大きな声を出して遊んでいる。

  1　いかにも　　　　2　かねて　　　　　3　じっくり　　　　4　とうとう

134 あの二人は（　　　　）の道を行くことにした。

1　ずるずる　　　　2　ぼつぼつ　　　　3　がやがや　　　　4　おのおの

135 （　　　　）五百円でランチが食べられます。

1　びっしょり　　　　2　だぶだぶ　　　　3　きっぱり　　　　4　きっかり

136 ゲームで選手が蹴ったボールが子供の顔に（　　　　）当たった。

1　こなごなと　　　　2　もろに　　　　3　かつて　　　　4　どうにか

137 敵軍の主力部隊を（　　　　）した。

1　滅亡　　　　2　亡命　　　　3　感激　　　　4　撃滅

138 論文の（　　　　）を400字程度にまとめた。

1　概要　　　　2　省略　　　　3　執筆　　　　4　了解

139 赤ちゃんは風邪に（　　　　）しやすい。

1　異動　　　　2　異変　　　　3　変革　　　　4　感染

140 春と夏の甲子園で（　　　　）するのが夢だった。

1　連続　　　　2　連覇　　　　3　接続　　　　4　継続

141　受験者に注意事項を（　　　）した。

　　1　掲示　　　　　2　展示　　　　3　評決　　　　4　弁解

142　（　　　）車線で車が飛んできた。

　　1　変更　　　　　2　追加　　　　3　進路　　　　4　対抗

143　彼の（　　　）はみんなに認められた。

　　1　促進　　　　　2　功績　　　　3　山積　　　　4　催促

144　あらゆる問題に（　　　）に対応した。

　　1　完成　　　　　2　軟骨　　　　3　柔軟　　　　4　成就

145　再犯なので刑が（　　　）された。

　　1　加速　　　　　2　追越　　　　3　加重　　　　4　重複

146　３週連続でSF大作を（　　　）します。

　　1　演劇　　　　　2　喜劇　　　　3　戯曲　　　　4　放映

147　政府は高齢者の（　　　）を促進している。

　　1　就労　　　　　2　組合　　　　3　職業　　　　4　業種

148 彼は剣の道をきわめようと、山にこもって（　　　）している。

　　1　行事　　　　　2　修行　　　　　3　修繕　　　　　4　善悪

149 走者はゴールを（　　　）した。

　　1　凝視　　　　　2　見込み　　　　　3　応対　　　　　4　接待

150 皇室へ土地の名産を（　　　）した。

　　1　献立　　　　　2　献血　　　　　3　極上　　　　　4　献上

151 資格を経験者に（　　　）して募集した。

　　1　限界　　　　　2　勘定　　　　　3　限定　　　　　4　定員

152 株式に（　　　）したが、損をしてしまった。

　　1　投票　　　　　2　融資　　　　　3　金融　　　　　4　投資

153 改築の間、一時的に（　　　）した。

　　1　転居　　　　　2　住居　　　　　3　居間　　　　　4　間柄

154 カーパレードのため、交通を（　　　）した。

　　1　規則　　　　　2　刑罰　　　　　3　原則　　　　　4　規制

155 容疑者は行動を（　　　）されていた。

1 拘束　　　　　2 制限　　　　　3 起訴　　　　　4 訴訟

156 息子が優勝に（　　　）したそうだ。

1 寄付　　　　　2 貢献　　　　　3 奇跡　　　　　4 給付

157 東京に（　　　）を設けました。

1 転勤　　　　　2 点検　　　　　3 拠点　　　　　4 業務

158 （　　　）にこだわると何もできない。

1 名義　　　　　2 あだ名　　　　3 宛名　　　　　4 名分

159 彼女は（　　　）な性格でみんなに好かれている。

1 朗読　　　　　2 明朗　　　　　3 解明　　　　　4 明記

160 力士の姿を見て巨像を（　　　）した。

1 抽象　　　　　2 推薦　　　　　3 連想　　　　　4 感想

161 株価がいきなり（　　　）した。

1 爆撃　　　　　2 暴動　　　　　3 暴落　　　　　4 落選

162 部長に（　　　）に飲まされた。

1　引率　　　　　2　索引　　　　　3　強情　　　　　4　強引

163 戦国時代の歴史を（　　　）した。

1　探訪　　　　　2　冒険　　　　　3　冒頭　　　　　4　来訪

164 彼が彼女を（　　　）して答えた。

1　弁解　　　　　2　代弁　　　　　3　雄弁　　　　　4　弁明

165 裁判長は（　　　）な判決を下ろした。

1　雄大　　　　　2　寛容　　　　　3　寛大　　　　　4　莫大

166 あんな（　　　）のない噂を信じるなんて。

1　根性　　　　　2　根気　　　　　3　根拠　　　　　4　根元

167 検察官が家を（　　　）した。

1　操作　　　　　2　造作　　　　　3　索引　　　　　4　捜索

168 （　　　）３０センチぐらいのパイプで充分です。

1　直径　　　　　2　直接　　　　　3　直線　　　　　4　直感

169 （　　　）を使う仕事は疲れる。

　　1　経過　　　　　2　神様　　　　　3　経理　　　　　4　神経

170 その話を聞いて彼は（　　　）の笑みを浮かべた。

　　1　核心　　　　　2　真心　　　　　3　会心　　　　　4　気心

171 卒業式に記念品を（　　　）した。

　　1　需要　　　　　2　小売　　　　　3　贈呈　　　　　4　仕入れ

172 あの荒天に山登りとは（　　　）なことをしたものだ。

　　1　無残　　　　　2　無謀　　　　　3　無実　　　　　4　無念

173 経験のある方は（　　　）します。

　　1　優越　　　　　2　偶数　　　　　3　超越　　　　　4　優遇

174 彼は音楽に（　　　）がある。

　　1　素質　　　　　2　素朴　　　　　3　意義　　　　　4　犠牲

175 受験のために兄の家に２週間（　　　）した。

　　1　存在　　　　　2　渋滞　　　　　3　存続　　　　　4　滞在

176 もっと早く仕上げるのに何かよい（　　　　）はないだろうか。

1　大工　　　　　　2　援助　　　　　　3　工夫　　　　　　4　後援

177 スキーのジャンプの飛距離を（　　　　）した。

1　計略　　　　　　2　計測　　　　　　3　集計　　　　　　4　会計

178 彼らは新しい文化を（　　　　）した。

1　創刊　　　　　　2　創造　　　　　　3　創立　　　　　　4　刊行

179 うそつきの彼女は仲間から（　　　　）された。

1　疎通　　　　　　2　疎外　　　　　　3　外部　　　　　　4　部活

180 車が３台ずつ（　　　　）して進んだ。

1　同調　　　　　　2　並列　　　　　　3　同伴　　　　　　4　並行

181 あの参議院はいつも税金を（　　　　）する。

1　滞在　　　　　　2　滞納　　　　　　3　納期　　　　　　4　期末

182 履歴書を（　　　　）して来社してください。

1　参画　　　　　　2　持続　　　　　　3　持参　　　　　　4　遺産

183 謝恩会に（　　　）して出掛けた。

1　盛装　　　　　2　繁盛　　　　　3　頻繁　　　　　4　頻度

184 この子は（　　　）な性格で、こうと言ったらてこでも動かない。

1　強引　　　　　2　強情　　　　　3　丈夫　　　　　4　頑丈

185 君がわが社に来てくれれば部長として（　　　）する。

1　偶然　　　　　2　待遇　　　　　3　待機　　　　　4　退出

186 二人は（　　　）な立場で話し合った。

1　対立　　　　　2　接待　　　　　3　窮屈　　　　　4　対等

187 この漫画を見てから、ご（　　　）をお聞かせください。

1　感心　　　　　2　感賞　　　　　3　感想　　　　　4　鑑賞

188 新年度は、新入社員のみならず、人事（　　　）で部署が変わった方々もいらっしゃ

ることと思います。

1　動揺　　　　　2　転職　　　　　3　移動　　　　　4　異動

189 会社で帰るタイミングを（　　　）いるのですが、どのタイミングがベストでしょうか。

1　まぬがれて　　　2　とどこおって　3　すたれて　　　4　みはからって

190 初対面で（　　　）会話をしてくる人は、何かあやしい。

1　こうごうしく　　2　きゃしゃに　　3　なれなれしく　4　きちょうめんに

191 試合を控えて、約10週間に及ぶ（　　　）練習を敢行した。

1　激　　　　　　　2　厳　　　　　　3　強　　　　　　4　猛

192 世界一高い（　　　）高層ビルがドバイに建設された。

1　超　　　　　　　2　一　　　　　　3　越　　　　　　4　満

193 （　　　）肌がきれいな人を見るとうらやましい。

1　裸　　　　　　　2　無　　　　　　3　筋　　　　　　4　素

194 物体が宇宙から、地球の大気（　　　）に入るときに、大気との摩擦で燃えてしまう
という。

1　圏　　　　　　　2　層　　　　　　3　権　　　　　　4　網

195 よく先生に、数学の勉強は（　　　）暗記はダメといわれます。

1 全 2 丸 3 生 4 少

196 パソコンが（　　　）起動を繰り返して修理に出した。

1 又 2 度 3 活 4 再

197 （　　　）確かな情報を勝手に言うな！

1 不 2 無 3 否 4 非

198 自己中心（　　　）な性格を直したい。

1 性 2 姓 3 化 4 的

199 残業時間は上司との関係の絶対値に（　　　）比例するという。

1 半 2 逆 3 反 4 返

200 この本は教育（　　　）にたくさんの問題がある。

1 制 2 上 3 観 4 視

JLPT 파트별 소개

PART 3 유사어 찾기

「비슷한 단어 및 표현 찾기」문제이며, 2010년부터 N1에서 새롭게 추가된 문제이다. 그 단어가 원래 가지고 있는 의미를 아는 것도 중요하지만, 그 단어가 문장 속에서 어떤 의미로 사용되는 지도 파악해야만 하는 경우도 있다. 즉, 기본적인 어휘력을 묻는 문제도 출제되지만, 어떤 단어가 문장에서 어떤 의미로 사용되고 있는가를 묻는 문제이기도 하다.

6문제 〉〉

問題3 ＿＿＿＿の言葉に意味が最も近いものを、１・２・３・４から一つ選びなさい。

14　都会育ちの子供は、田舎暮らしの子供に比べてたくましさが足りない。

　　1　頑丈さ　　　　　2　無邪気さ　　　3　純粋さ　　　　4　賢明さ

| 1 | ❶②③④ |

문제에 있는 밑줄의 어휘나 문장과 같은 표현을 찾는 문제가 출제되는데, 우선은 밑줄의 단어의 의미를 파악하는 것이 중요하다. 원래의 뜻도 중요하지만, 그 단어가 문장 속에서 어떠한 의미로 사용되었는지를 알아야 한다. 그 단어의 원래의 의미를 묻는 문제 는 한 두 문제 정도만 출제되고, 나머지는 문장 속에서 그 단어가 가지는 의미를 묻는 문제가 출제된다. 만일 실제 시험에서 모르는 단어가 출제되더라도, 당황하지 말고 문장 속에서의 의미를 찾거나, 그것마저 여의치 않으면 문제를 푸는 요령이나 감각으로 접근하도록 해야 한다. 예를 들면,

無駄な経費と費用は極力減らしましょう。

1少しずつ　　　　　2大幅に　　　　　3できるかぎり　　　4真っ先に

라는 문제에서, 학습자들은 「極力」이라는 단어가 생소하게 느껴질 것이다. 아마 보기 2번과 3번 정도가 헷갈릴 수가 있는데, 여기서 문제를 푸는 감각이나 센스를 가진 학습자라면, 「極力」의 「力」에서 「できるかぎり:가능한 한」을 유추할 수 있을 것이다. 이런 감각과 센스는 많은 문제를 통해서 저절로 습득된다. 시험에서 학습자들이 아는 문제나 단어만 출제되는 것이 아님을 알아두도록 하자.

問題 3　＿＿＿の言葉に意味が最も近いものを、１・２・３・４から一つ 選びなさい。

1　この国は深刻な食料不足におそわれている。

　　1　おとろえられて　　2　くちられて　　　3　したわれて　　　4　みまわれて

2　彼が発言したのは非常にタイムリーだった。

　　1　好都合　　　　　2　こころえ　　　　3　しつけ　　　　4　建前

3　学者は食料危機が広がる恐れがあると警告した。

　　1　派遣する　　　　2　もたらす　　　　3　波及する　　　　4　ねだる

4　食品会社はロングセラー商品を作るために努力している。

　　1　目玉　　　　　　2　よく売れる　　　3　格安　　　　　4　かけがえのない

5　このシリーズを毎年リピート購入するお客さんも多いらしい。

　　1　ふたたび　　　　2　適当に　　　　　3　早々　　　　　4　大量

6　面接官がすっごい怖くて面接を失敗した。

　　1　なついた　　　　2　ひるがえった　　3　まごついた　　　4　しくじった

7　弟は大学まで卒業したのにまともな職業に就いていない。

　　1　うつろな　　　　2　ろくな　　　　　3　はるかな　　　　4　おおげさな

8 私は興味を持ったことはどこまでもやる。

　　1　つきなみに　　　2　きまじめに　　　3　とことん　　　4　とかく

9 子供のとんでもない行動をとがめるべきか、見守るべきかで悩んでいる。

　　1　つとまる　　　　2　しなびる　　　　3　こじれる　　　　4　いましめる

10 この店はいつもにぎわっている。

　　1　赤字だ　　　　　2　頻繁だ　　　　　3　復興している　　4　繁盛している

11 この映画を見ていきどおりを感じない人が一人でもいるだろうか。

　　1　まとまり　　　　2　いかり　　　　　3　ひとかげ　　　　4　ねばり

12 この問題は歴史的な観点からアプローチしたほうがいい。

　　1　観察　　　　　　2　気配　　　　　　3　接近　　　　　　4　接続

13 様々な問題を克服して成功した。

　　1　さだめて　　　　2　おだてて　　　　3　くつがえして　　4　のりこえて

14 部長と意見がぶつかって会社を辞めてしまった。

　　1　くいちがって　　2　けとばして　　　3　たてかえて　　　4　つっぱって

15 健康産業に従事する人間が、タバコを吸っているなんて。

　　1　となえる　　　　2　たずさわる　　　3　ののしる　　　　4　ほうむる

16 ぐっすり寝て、翌朝元気に活動するコツをご紹介します。

　　1　専門家　　　　　2　玄人　　　　　　3　起業　　　　　　4　方法

17 大学を選ぶ際、その大学の「就職率」を確認するのは今や当たり前というご時世です。

　　1　時代　　　　　　2　祝辞　　　　　　3　拝啓　　　　　　4　推測

18 私は彼女を模範にしています。

　　1　手際　　　　　　2　手本　　　　　　3　手頃　　　　　　4　手錠

19 家庭教師をして生活費をおぎなった。

　　1　ほろびた　　　　2　もてなした　　　3　よびとめた　　　4　まかなった

20 つましい暮らしだったにもかかわらず、彼はあの頃がよかったと言った。

　　1　ぜいたくな　　　2　貧乏な　　　　　3　質素な　　　　　4　不審な

21 誰にも普遍的な価値観があると思う。

　　1　自律的　　　　　2　肯定的　　　　　3　一般的　　　　　4　否定的

22 原発の<u>よしあし</u>に対する国民投票を行った。

   1　美点　　　　　2　長所　　　　　3　懸念　　　　　4　是非

23 彼の無責任な行動に<u>失望した</u>。

   1　落胆した　　　2　疑惑した　　　3　従属した　　　4　違算した

24 息子の行儀悪さに<u>きまりわるかった</u>。

   1　とうとかった　　2　はずかしかった　3　うっとうしかった　4　おびただしかった

25 気を使ったつもりで言った<u>何気ない</u>一言で、相手を怒らせてしまった。

   1　なさけない　　2　そっけない　　3　あっけない　　4　さりげない

26 この問題は私にしては<u>手に余る</u>ものだ。

   1　むずかしい　　2　簡単な　　　　3　許せる　　　　4　適度な

27 政府が大学の授業料を無償化する方針を<u>きめた</u>。

   1　きしんだ　　　2　かまえた　　　3　さずけた　　　4　かためた

28 ビジネスではちょっとした<u>言い回し</u>にも敬語を忘れずに。

   1　表現　　　　　2　行儀　　　　　3　気配り　　　　4　丁寧

29 自分を他人と比べるのはまるっきり無意味なことである。

    1 いっぺんに   2 かつて   3 さほど   4 まったく

30 政府の政策が実現されるかどうかはなはだ疑問です。

    1 非常に   2 しいて   3 もっぱら   4 どうにか

31 彼女はさぞや、昔は美人だったに違いない。

    1 とっさに   2 ひょっと   3 まして   4 おそらく

32 売上げが悪くて年収を３０％程度カットされた。

    1 削除   2 削減   3 承認   4 了承

33 食品の放射線検査結果、どれも基準値以下だった。

    1 もはや   2 まさしく   3 いずれも   4 とりわけ

34 画面の字幕が少しずれていて見にくかった。

    1 あざむいて   2 きりかえて   3 すりむいて   4 かたむいて

35 勉強にはげんだかいがあって、念願の大学に合格した。

    1 大望した   2 許諾した   3 合点した   4 精進した

36　先生はこの<u>道一筋</u>に生きてきた。

　　1　ひとえに　　　　2　ややこしく　　　3　はんぱに　　　　4　むやみに

37　自己開発に積極的に<u>取り組んだ</u>人ほど年収が高い。

　　1　筆頭した　　　　2　概要した　　　　3　専念した　　　　4　盛況した

38　子供の将来を<u>心配した</u>親は、先生に相談に行った。

　　1　称した　　　　　2　案じた　　　　　3　信じた　　　　　4　転じた

39　彼らは大雪で震えながらも寒さを<u>しのいだ</u>。

　　1　みなした　　　　2　たえた　　　　　3　ふけた　　　　　4　はばんだ

40　教育の<u>究極</u>の目的は、自己を実現して幸せになることです。

　　1　最大　　　　　　2　眼目　　　　　　3　機敏　　　　　　4　承諾

41　最近は<u>あこぎな</u>商売を組織的に行っているところはあんまりないらしい。

　　1　ろくな　　　　　2　あくどい　　　　3　はんぱな　　　　4　にぶい

42　日本人にとっては<u>くせのある</u>味だけどおいしい。

　　1　きがるな　　　　2　なまぐさい　　　3　すっぱい　　　　4　独特な

43 ご覧になってもらえば分かりますが、確かにこれは驚きのファインプレーです。

   1　あざやかな　　　2　すこやかな　　　3　むなしい　　　4　わずらわしい

44 きまじめで融通がきかない性格は「うつ病になりやすい性格」と考えられている。

   1　短気な　　　　　2　そそっかしい　3　きちょうめんな　4　きさくな

45 自分一人のおかげで勝ったなんて、こんなにも恥知らずな人には会ったことがない。

   1　こうばしい　　　2　いさぎよい　　　3　おぞましい　　　4　あさましい

46 親しくしたくない人への婉曲な断り方を教えてください。

   1　遠回しな　　　　2　直接的な　　　　3　こまやかな　　　4　こざかしい

47 彼とは感情的にさまざまなものがもつれていて大変だ。

   1　きらびやかになっていて　　　　　　2　ややこしくなっていて

   3　つつましくなっていて　　　　　　4　おごそかになっていて

48 取引先に依頼したところ、肯定的な返事がきた。

   1　しなやかな　　　2　おろそかな　　　3　このましい　　　4　うらめしい

49 山田君はいつも上司の話にわざとらしい笑い方をする。

   1　かわいい　　　　2　おおげさな　　　3　むなしい　　　4　ろくな

50 先生に今の悩みをずばりと言ってみた。

　　1　とっさに　　　　2　あらかじめ　　　3　いっぺんに　　　4　もろに

51 彼はいやしい言葉遣いをするのでみんなに嫌われている。

　　1　ねたましい　　　2　はしたない　　　3　すさまじい　　　4　かんばしい

52 どんなことが起きるか知らないから注意をおろそかにするな！

　　1　たくわえる　　　2　すたれる　　　　3　おこたる　　　　4　きたえる

53 ありきたりの毎日に飽きてしまって、旅行に行くことにした。

　　1　つきなみな　　　2　のどかな　　　　3　あわただしい　　4　のぞましい

54 「好き」「愛してる」って照れくさいから言いたくないよ。

　　1　なまぬるい　　　2　はなばなしい　　3　まぎらわしい　　4　おもはゆい

55 このアパートはひどく危ない状態で、すぐに修繕しなければならない。

　　1　いくた　　　　　2　きわめて　　　　3　ことによると　　4　さほど

56 彼氏の時間にルーズなところが原因で何度もけんかをした。

　　1　すみやかな　　　2　ださい　　　　　3　だらしない　　　4　はるかな

57 大事な仕事なのに、彼が手伝ってくれないなんて、こころぼそいかぎりだ。

1 みすぼらしい　　2 頼りない　　　3 ものたりない　　4 なさけぶかい

58 計画を立てずに、過度に消費すると、あとで大変ですよ。

1 さっと　　　　2 すんなり　　　3 ずらっと　　　4 やけに

59 会議室は雰囲気が窮屈で居心地が悪かった。

1 かたくるしくて　2 しとやかで　　3 みぐるして　　4 もろくて

60 社員旅行に一円も出さないケチな社長もいる。

1 すばしこい　　2 しぶい　　　　3 だるい　　　　4 しぶとい

61 写真を見たら、昨年も８月１５日でキャンプしていましたので、ちょうど１年です。

1 がっちり　　　2 かつて　　　　3 かねて　　　　4 きっかり

62 メールが来ると寝ていても絶対起きてしまうので、寝ているときのメールはうっとうしい。

1 そっけない　　2 たくましい　　3 わずらわしい　4 てがるだ

63 言葉もない涙も出ないあっけない結末でがっかりした。

1 拍子抜けする　2 はなやかな　　3 息がつまる　　4 なおざりにする

64 会社ですさまじい差別の発言を聞いた。

1 デモニッシュな　　2 行き届いた　　3 むき出しの　　4 衝撃の

65 玄関や窓などには、アラームやその他の防犯グッズを設置したほうがいい。

1 鍵　　　　　　　2 商品　　　　　3 手錠　　　　　4 警備

66 もうずっと前の事だから、ことさらこのことについて言及する必要はない。

1 あえて　　　　　2 かろうじて　　3 さも　　　　　4 じっくり

67 中国は宇宙分野でいちじるしい発展を遂げている。

1 露骨に　　　　　2 すすんで　　　3 飛躍的な　　　4 いかめしい

68 毎年あわただしい年末ですが、今年はとりわけバタバタしています。

1 おごそかな　　　2 せわしい　　　3 まちどおしい　　4 気軽な

69 子どもは消え入りそうな声で反省の弁を述べた。

1 とぼしい　　　　2 すこやかな　　3 しなやかな　　4 かすかな

70 もっぱら勉強に専念するため、プライベートな生活は捨ててしまった。

1 かつ　　　　　　2 いまだ　　　　3 いちずに　　　4 ことに

71 彼はいつも<u>不確かな</u>知識で大騒ぎしている。

　　1　はかない　　　　2　かげろうのような 3　漠然な　　　　4　もって回った

72 いろんな種類のお酒を<u>かわるがわる</u>飲むのはよくない。

　　1　順番に　　　　　2　一気に　　　　3　一斉に　　　　4　交互に

73 実現不可能な<u>マニフェスト</u>を掲げて、国民を欺き政権を奪取した。

　　1　演説　　　　　　2　平和　　　　　3　公約　　　　　4　詐欺

74 このサイトではウイルスの削除を行う<u>ツール</u>をダウンロードすることが可能です。

　　1　ソフトウエア　　2　アウトドア　　3　オクション　　4　ガレージ

75 レポートをしようとしたが、ネットでも<u>はかばかしい</u>情報がなくて困っています。

　　1　なだかい　　　　2　ぴったりの　　　3　ものものしい　4　すばやい

76 子供にいつもおやつは<u>3時きっちりに</u>食べさせている。

　　1　3時前に　　　　2　3時すぎてから　3　3時間のばして　4　ジャスト3時に

77 <u>ぼつぼつ</u>紅葉がはじまっているというのに私のこころはまだです。

　　1　いつの間にか　　2　とつじょ　　　3　徐々に　　　　4　あっという間に

78 好きな人にメールを送ったらそっけない返事が来た。

1 素朴な   2 冷淡な   3 シンプルな   4 とうとい

79 先生との個人の面接練習でも、プレッシャーで何もできなかった。

1 心理的な圧力で 2 不注意で   3 練習不足で   4 なやましくて

80 上司にそんなことを言うなんて、いかにも唐突だ。

1 きっぱり   2 ひょっと   3 ほっと   4 いたって

81 本当に平和をとうとんでいる国であれば、どこからも侵略されはしないでしょう。

1 信じて   2 崇拝して   3 おろそかにして 4 重んじて

82 この不良債権を処分する計画は、以下のとおりです。

1 スキーム   2 スタンプ   3 ガイダンス   4 コンサルタント

83 これからの産業界の動きについていくため、うちの会社でも、まずは組織の革新が

必要だ。

1 コンテンツ   2 イノベーション 3 ビッグバン   4 ウイルス

84 どんなお客さんにも柔軟に対応するのが肝心です。

1 リーダーシップ 2 ホットライン   3 フレキシブル   4 スローガン

85　男と女の世界は、１足す１イコール２ではなく、もっとあいまいなものだ。

　　1　ビエンナーレ　　　2　ドッキング　　　3　サミット　　　　4　ファジー

86　非公開で新聞記者たちに話した内容が、紙面に載って窮地に立たされた。

　　1　マキシム　　　　　2　クレーム　　　　3　フレーム　　　　4　オフレコ

87　怠業による賃金カットが問題になった。

　　1　ダンピング　　　　2　デフレーション　3　サボタージュ　　4　ニヒリズム

88　日本が世界の傾向に追いつくために努力しなければならないことは何がありますか。

　　1　リサイタル　　　　2　トレンド　　　　3　モノグラフ　　　4　トラウマ

89　あの政治家は昔から保守的な考えを持っていた。

　　1　コンサバティブ　　2　ドメスティック　3　ポジティブ　　　4　ネガティブ

90　いつもプロジェクトに失敗して結局、肩たたきされた。

　　1　定年退職　　　　　2　左遷　　　　　　3　栄進　　　　　　4　勧奨退職

91　暴力団同士の抗争が激化した。

　　1　うなぎのぼりした　　　　　　　　2　おそろしくなった

　　3　はげしくなった　　　　　　　　　4　だいなしだった

92　幼児の<u>あどけない</u>笑顔を見て私も笑ってしまった。

　　1　無邪気な　　　　2　平凡な　　　　3　さりげない　　4　立派な

93　この機械はあまりにも<u>欠陥</u>の多いものだ。

　　1　長所　　　　　　2　欠乏　　　　　3　だんどり　　　4　不備な点

94　労使の会談は<u>決裂した</u>。

　　1　解決された　　　　　　　　　2　後回しした

　　3　物別れにおわった　　　　　　4　くりあげた

95　新入社員の<u>あられもない</u>姿にみんなびっくりした。

　　1　あってはならない　2　まぶしい　　　3　ものともしない　4　おちついた

96　私のモットーは、<u>屈託</u>のないチャレンジ精神です。

　　1　心配　　　　　　2　おそろしさ　　3　じゃま　　　　4　はじ

97　彼は<u>臆面もなく</u>、出された料理をすべて平らげた。

　　1　ぞっとしなく　　2　如才なく　　　3　にべもなく　　4　ずうずうしく

98 のっぴきならない事態におちいった。

　　1　ぬきさしならない　　　　　　　2　しどけない

　　3　つつがない　　　　　　　　　　4　にえきらない

99 はしなくも、二人の秘密がばれてしまった。

　　1　ひとのせいで　　2　いきなり　　3　思いがけず　　4　案の定

100 あいつはうちの部署の鼻つまみ者だ。

　　1　曲者　　　　　　2　除け者　　　3　悪たれ者　　　4　偽り者

JLPT 파트별 소개

PART 4 단어의 바른 쓰임

이 파트가 N1 문자/어휘파트에서 가장 어려울 것이다. 왜냐하면, 단어의 정확한 의미와 뉘앙스, 문장에서의 바른 쓰임까지 같이 알아야 하기 때문이다. 이 파트는 높은 수준의 어휘의 뜻이나 뉘앙스를 묻는 문제는 출제되지 않겠지만, 그 단어가 가지고 있는 정확한 의미를 모르면 정답을 찾기가 쉽지 않다. 어떤 특정한 품사에서만 출제되지는 않고, 모든 품사, 심지어는 문법적인 문제까지도 출제될 가능성이 크다. 본 교재에 있는 문제만으로는 완벽한 대비는 할 수 없겠지만, 출제되는 문제의 형식이나 수준을 판단하기에는 충분하며, 어떤 문제가 출제되더라도 정답을 찾을 수 있는 능력은 키울 수 있을 것이다.

6문제

問題4　次の言葉の使い方として最もよいものを、1・2・3・4から一つ選びなさい。

20 誇大

1 経済産業省は、誇大広告を行った企業に対して業務改善を命じた。

2 ＣＯ２の排出規制はもちろん、植林などの森林の増加も環境保全には効果誇大だ。

3 明日の朝、全社員を集めて、社長から誇大発表があるそうです。

4 最近の若手社員は自身を誇大評価する傾向がある。

1 ❶②③④

문제에 나와 있는 어휘의 정확한 의미부터 파악해야 한다. 이 파트는 어휘력뿐만 아니라, 그 단어의 문장 속에서의 바른 쓰임까지 파악해야 하기 때문에 상당히 까다롭다. 지금까지의 기출문제를 보면, 높은 수준의 어휘력을 묻는 문제는 출제되지 않았기 때문에 학습자들이 이 파트를 대비하는 방법은, 별도의 특별한 방법을 찾기보다는 꾸준히 어휘를 공부하는 것이 중요하다. 어휘력은 독해와 청취의 점수를 높이는 방법이기도 하기 때문에 소홀히 할 수 없을 것이다. 참고로, 이 파트에서는 단어의 뉘앙스나 다른 단어와의 비교를 묻는 문제는 거의 출제되지 않고, 그 단어가 가지고 있는 첫 번째 의미, 즉, 가장 많이 알려져 있고, 가장 많이 사용되는 의미를 묻는 것이 대부분이라는 것을 명심하자.

問題 4　次の言葉の使い方として最も適当なものを、1・2・3・4から一つ選びなさい。

1　大筋

　　1　彼女は大筋の花があるワンピースを着ていた。

　　2　友だちは何でも大筋に言う傾向がある。

　　3　事件の内容を大筋に説明してください。

　　4　この犯罪小説を読んで大筋を書きなさい。

2　誇示

　　1　適切な仕事の誇示は重要な任務のひとつである。

　　2　学歴を誇示したがるものは大体自信がないものが多い。

　　3　彼の歌がヨーロッパを征服？それはひどい誇示だよ。

　　4　広告、テレビCMなどは製品の効果を誇示しすぎる傾向がある。

3　目論見

　　1　上司に「下半期に対する目論見を提出しろ」といわれた。

　　2　政治家はみんな信じられない、これこそ目論見ではないか。

　　3　目論見的に考えて行動したほうがいい。

　　4　苦しみがあればこそ、また成功したときの目論見もあるものだ。

4　とうとい

　1　彼女は見るのも聞くのもとうとい環境で育てられた。

　2　動物の虐待でとうとい命が失われることに心が痛みます。

　3　身なりのとうとい人だったが実は財閥の息子だそうだ。

　4　かつてなかったとうとい舞台で開幕式が行われた。

5　はんぱ

　1　もう分かったからはんぱにしなさい。

　2　彼女とはんぱに会いたくなくて別れることを決心した。

　3　はんぱに下車をしても払い戻しはございません。

　4　彼女のドレスの色は白と黄色のはんぱのような色だった。

6　ものずき

　1　ダイエットでものずきに成功させる方法を教えてあげます。

　2　彼女は食べ物のものずきが多い。

　3　探検隊は高原のものずきな朝を迎えた。

　4　わざわざ夜の墓場でデートするとは、ものずきな人だ。

7　一体

　1　恋愛って一体何なんだろう。最近になって思うようになった。

　2　サイレンが聞こえるやいなや、皆一体に立ち上がった。

　3　あなたの悩み全てを一体に解決します。

　4　この飛行機は一体にアメリカまで飛ぶ。

[8] とっさに

1 息子が大学に合格するのがとっさに願いです。

2 漢字の詳しい彼さえ知らないのにとっさにあなたが分かるもんか。

3 運転中に猫が飛び出してきてとっさに避けようとハンドルをきった。

4 イタズラのひどい子だからこれもとっさにこの子がやったに違いない。

[9] もっぱら

1 こんなに遅れるはずがないのに、もっぱらなにか事故でもあったんでしょう。

2 もっぱら壊れやすそうなおもちゃばかりだった。

3 息子は2、3年前からもっぱら咳をしています。

4 来週試験を控えてもっぱら勉強に専念している。

[10] 断言

1 今度のプロジェクトは私がすると断言してしまった。

2 彼女はいつも社長からの断言を忘れてしまう。

3 この断言はあまり効果がなかった。

4 このホームページは私の教会の断言を文章にまとめたものです。

[11] うっとうしい

1 外見と中身のデザインはその用途の違いから、うっとうしく異なっていてしかるべきだ。

2 日本が大地震で沈没するといううっとうしい夢を見た。

3 うっとうしい天気で、体調のほうもよくない。

4 履歴書の電話番号は携帯電話のほうがうっとうしい。

12 むなしい

1　長い努力のかいもなくあまりむなしい結果は出なかった。

2　会社のために一生懸命やったのに首になってしまった。むなしいことをやった。

3　いやだと何回も言ったのにむなしいやつだね。

4　むなしい訓練の中でみんな汗まみれになった。

13 所定

1　正解をハガキで送ってくださった方に所定の商品を差し上げます。

2　所定販売だから急いでください。

3　このヨーロッパのチームには日本人選手が所定している。

4　無許可での銃器の所定は禁じられている。

14 あえて

1　あえてなかったことだったのでみんなびっくりした。

2　明日やってもいいからあえて残業しなくてもいい。

3　父が彼のことをいやがっているのであえてデートしている。

4　今の成績ではあえて見込みがない。

15 控除

1　重要な情報が含まれるファイルをうっかり控除してしまった。

2　授業料控除は限られた予算の範囲内で実施されます。

3　給料はいつも所得税を控除してからもらう。

4　彼を控除しては事件の背後が把握できない。

16 あせる

1 あせても仕方ないから落ち着いて待ちましょう。

2 秘書を呼んで書類をあせた。

3 本をあせている人が山田先生です。

4 口のかたい人だから秘密をあせたりしません。

17 とうとぶ

1 庭にいるスズメのとうとぶ声で目が覚めた。

2 大学での学費は親の仕送りでとうとんでいます。

3 救急隊のサイレンが道路にとうとんだ。

4 私がとうとんでいる人は父です。

18 とりつく

1 彼の手紙をとりついたとたん彼女はとんでいた。

2 授業をさぼってゲームを見に行ったが、雨でとりつかれた。

3 警察官は暴走族をきびしくとりついた。

4 彼の死に対しての疑問がとりついて離れない。

19 採算

1 私の採算を池田さんがたてかえてくれた。

2 採算に合わなかったから止めた。

3 この採算は収支が合わない。

4 建築費総額は約1千万円と採算された。

20 用心

1   友だちは用心深い人だ。

2   用心があるので今日はこの辺で帰らせていただきます。

3   もりだくさんご用心いたしましたのでご利用ください。

4   用心なことを忘れてしまった。

21 ばてる

1   ひとの心をばてるのはむずかしい。

2   教授は歴史に対してばてたけど、ぼくは興味がなかった。

3   毎日続く残業で従業員みんなはばててしまった。

4   木の根が１０メートルもばてている。

22 きっぱり

1   大学時代の恋人が忘れられないゆえに、彼女はきっぱり独身なのだ。

2   市民たちは政府の無能に向かってきっぱり立ち上がった。

3   レポートをかわりにやってくれと頼まれたがきっぱり断った。

4   一日５時間も寝ずに勉強したおかげで成績がきっぱり上がった。

23 ややこしい

1   部長はややこしい食事もできずに、病気と戦っている。

2   このコンピュータのネットワークは多少ややこしいのである。

3   ややこしい彼がそんなに怒ったなんて、信じられないな。

4   祭りが終わった町はややこしく静まり返った。

24 旧知

1 母は子供が嘘をついていると旧知した。

2 彼が委員に旧知された。

3 彼女はいつも会社への旧知ばかり言うのでうんざりする。

4 彼とは旧知の間柄だ。

25 余地

1 新入社員が言ったことは考慮する余地があった。

2 大臣は改革の必要を余地した。

3 心に余地を持つために大事なのはストレスを受けないことだ。

4 当事者の気持ちを余地して発言しなさい。

26 ゆすぐ

1 酒のニオイがしたので口をゆすいだ。

2 彼は年のわりにゆすいで見える。

3 授業のベールが鳴ったかと思うと、学生はみんな本をゆすいだ。

4 彼は教授の指導のもとに、卒業論文をやっとゆすいだ。

27 趣旨

1 ゲームには趣旨がないから、友だちがどんなゲームをしようが知りたくない。

2 会議を開く趣旨は何ですか。

3 趣旨した書類が届いた。

4 趣旨の段階から意見の衝突があった。

[28] 遭難

1　遭難な父のため、私の門限は９時だ。

2　遭難な道具だったのに壊れてしまった。

3　事故の知らせを聞いて、彼は遭難現場におもむいた。

4　台風が遭難する恐れがあると聞いて、海水浴場からひきあげました。

[29] でくわす

1　夏休みに日本へ旅行に行くため、お金をでくわしています。

2　肩より下まで髪が伸びているのなら、ゴムででくわしたほうがいい。

3　昨日新宿を歩いていたときに、信じられない光景にでくわした。

4　無礼だったお客様はお詫びの一言もなくでくわした。

[30] 何気ない

1　日本が大地震で沈没するという何気ない夢を見た。

2　いやだと何回も言ったのに何気ないやつだね。

3　もう何気ない話はやめてくださいよ。

4　先輩の何気ない一言からショックを受けました。

[31] ゆるやか

1　ゆるやかにこのまま株価は上がるでしょうか。

2　ゆるやかな気持ちでは全然やりたくない。

3　この世でいちばん偉くてゆるやかなものは、自分である。

4　ゆるやかなくつをはいていると不便です。

32　抗拒

　　1　吉本さんの本を抗拒にした。

　　2　政府に抗拒したけど失敗した。

　　3　このクラスは成績の抗拒がはげしい。

　　4　警察の抗拒の命令を無視して走った。

33　測定

　　1　空で流れ星が測定された。

　　2　夜は自動車の測定の感覚が鈍くなる。

　　3　決められた測定はちゃんと守ってくたさい。

　　4　測定出来ないくらいの雨が降った。

34　残酷

　　1　あの映画には残酷な場面が多い。

　　2　人の物を盗まないように残酷した。

　　3　自分の残酷にぴったりの仕事を探すのは難しいことだ。

　　4　身体残酷を廃止した場合、犯罪はものすごく増えるかもしれない。

35　ことによると

　　1　記者は事故の知らせを聞いてことによると現場にとんでいた。

　　2　来ないと言ったけどことによると来るかもしれない。

　　3　意地悪な山田さんはことによると反対するきらいがある。

　　4　あなたが言ったところでことによると聞かないだろう。

36 かまける

1 オンラインゲームにかまけて宿題をすっかり忘れていた。

2 重そうですね。私にも荷物をかまけてください。

3 学生は、先生が教室に入って来た時には、席にかまけているべきです。

4 会話の内容は、実際の自分の生活にかまけて進めていく。

37 騒然

1 凍結でこけたと思いきや、騒然な転倒でした。

2 騒然している大学に合格した。

3 去年は一昨年にもまして何やら社会が騒然とした一年だった気がします。

4 山田さんに任せば騒然できる。

38 さぞ

1 旅行先でさぞ雨が降ってきた。

2 子供たちはプレゼントをもらってさぞ嬉しそうだ。

3 彼女は以前はさぞ美人だったに違いない。

4 来週試験を控えてさぞ勉強に専念している。

39 なまじ

1 このプロジェクトを成功させるには、なまじの能力ではだめだ。

2 負けると知りながら、なまじ挑戦するのはなぜだろう。

3 上司のアドバイスがなまじストレスになることもある。

4 自分の事もなまじ出来ないなんてなさけない。

40　油断

　　1　夏に電車の中で人と<u>油断</u>するといやですね。

　　2　警察の<u>油断</u>で犯人はとんでしまった。

　　3　細かいことで<u>油断</u>した二人は結局別れることになった。

　　4　人の物を盗まないように<u>油断</u>した。

41　つつむ

　　1　突然ですが、本日を限りに、編集部を<u>つつむ</u>ことになりました。

　　2　うちの子はいつも問題のたねを<u>つつむ</u>。

　　3　業者が<u>つつむ</u>後、問題が見つけられた。

　　4　快適な生活環境に<u>つつまれた</u>安全なまちづくりをしましょう。

42　頑固

　　1　<u>頑固</u>な道具だったのに壊れてしまった。

　　2　<u>頑固</u>のとおり息子は博士になった。

　　3　<u>頑固</u>な人は、やはりお年寄りが多いと思います。

　　4　<u>頑固</u>を警告する車はすでにあります。

43　究明

　　1　当社は学歴より実力を<u>究明</u>します。

　　2　彼は東西文化を<u>究明</u>させた人物である。

　　3　不景気で人員が<u>究明</u>された。

　　4　警察は事故の原因を<u>究明</u>した。

44 まぬがれる

1 取引先に要請した書類がまぬがれた。

2 住民の不安をよそに、そこに石油工場の建設がまぬがれている。

3 ラッシュアワーをまぬがれて行くことにした。

4 理由はともかく責任はまぬがれないだろう。

45 描写

1 福祉制度がよく描写している国だ。

2 行くにしても行かないにしても、早く描写をしなさい。

3 風景を忠実に描写した絵だ。

4 明治憲法はドイツの憲法を描写にして作られたと言われている。

46 いきぐるしい

1 この地方は秋ともなると紅葉狩りの人々でいきぐるしい。

2 勉強しようにも出来ない。部屋の中が暑くていきぐるしいからだ。

3 誰でもいきぐるしく作られる簡単なものです。

4 人の前で愛してると言われたのでいきぐるしいと思った。

47 真相

1 事件の真相を究明するため、特別委員会が構成された。

2 無理やりにやってしまうと真相を呼び起こす。

3 みんな音楽に合わせて真相な足どりをしていた。

4 息子は人の話を聞かない真相がある。

48 的確

1 監督官に不正行為が的確された。

2 新しい環境に的確するのは時間がかかる。

3 先輩の的確な措置に驚いた。

4 企画についての問題点がいくつか的確された。

49 シュレッダー

1 彼女からシュレッダーをもらってとても嬉しかった。

2 シュレッダーの紙は「燃えるゴミ」として出しています。

3 いくら催促してもシュレッダーがなかったのであきらめた。

4 来週までに調べて、シュレッダーを出してください。

50 セレブ

1 A級セレブ達が集うハリウッドのパーティにはマスコミの関係者も多かった。

2 アフリカのある国でセレブが起きた。

3 セレブガスがこの街にあふれている。

4 日本語を勉強したセレブは何ですか。

51 衰退

1 テレビの普及とともに、映画は衰退した。

2 大事な会議があると言ってもまた遅刻する衰退だ。

3 試合に臨むにあたって、相手の衰退を徹底的に研究した。

4 この靴はちょっと衰退で、歩きにくい。

[52] すじ

1 監督賞を受けたかれは国民にすじをもたせた。

2 彼がやったことは深刻なすじだった。

3 すじの下で雨宿りをした。

4 確実なすじからの情報なんです。

[53] 精密

1 子供のための机を精密している。

2 この機械は精密に製作された。

3 部屋がまだ精密されてない。

4 精密のいい車がほしい。

[54] つぐない

1 彼女はデビューするやいなや、たちまちつぐないになった。

2 判決はつぐないに即して下ろすべきだ。

3 元値をとったつぐないはわずかだった。

4 罪のつぐないとしてお金で弁償した。

[55] かかえる

1 すみません。そこの醤油をかかえてくれませんか。

2 課長のユーモアにみんな腹をかかえて笑った。

3 恋人同士は離れていると心がかかえる場合もある。

4 彼はベテラン選手の貫禄をかかえる。

56 見晴らし

1 原点にもどって見晴らしした。

2 せっかくの旅行が大雨で見晴らしになってくやしい。

3 高校時代に戻れるなら見晴らししたいことがたくさんある。

4 見晴らしのよい席を予約した。

57 嘱望

1 病人との嘱望を制限します。

2 店に嘱望されたのは輸入品だった。

3 あの子は頭がよくて将来が嘱望されている。

4 彼が委員に嘱望された。

58 境地

1 境地が円満に済むといいのだが。

2 １０年間修行した彼は悟りの境地に達した。

3 彼は再考の境地を残しておいた。

4 部長の話の境地が伝わらなかった。

59 褒美

1 公衆褒美の乱れが社会的な問題となった。

2 我々日本人は謙譲の褒美という価値観を持つ民族です。

3 頑張った自分へご褒美に豪華な食事をしに行くことにした。

4 彼女は顔だけでなく心まで褒美です。

[60] のぞましい

1 この香りは私がのぞましいものです。

2 社会人としてのぞましい態度です。

3 親が亡くなってのぞましい日々を送っている。

4 戦争でみんな敵とのぞましくたたかった。

[61] 誇張

1 毎年いくつかの町が市に誇張していく。

2 事業を海外に誇張した。

3 彼は天性のスポーツマンだと言っても誇張ではない。

4 当時その国は領土を誇張していた。

[62] おのおの

1 人はおのおの考えが異なる。

2 夏休みが始まって、子供たちはおのおのしている。

3 山腹の小石がおのおの落ちてきた。

4 針で紙におのおの穴をあけた。

[63] けむたい

1 このカレーライスはけむたすぎる。

2 長年住み慣れた家を売るのはけむたいことだった。

3 私にとって彼はけむたい存在だ。

4 先生の説明はとてもけむたかった。

64 詳細

1 私の長年の夢が詳細した。

2 その患者は詳細検査を受けた。

3 誰かが書類に詳細をしたにちがいない。

4 事故を詳細に報告した。

65 いまにも

1 いまにも死にそうに胃の痛みを訴えた。

2 いまにも初恋の彼女が忘れられない。

3 いまにも好きな時にいらっしゃい。

4 いまにものところすべて順調である。

66 従来

1 この言葉の従来を知っている学者はいなかった。

2 お花見の時期が従来しました。

3 従来のやり方では効率が悪すぎる。

4 接客業に従来している方に相談があります。

67 ものものしい

1 朝や夜は、車の通行量が減ってものものしい空気だった。

2 空港はテロ警戒でものものしい警備だった。

3 ここは道路に面しているからちょっとものものしいです。

4 私がいくらものものしくても借金は君に頼めない。

68 範囲

1 原子力発電所の範囲の住民たちに避難指示が出された。

2 昨日のテストの範囲解答は彼が持っている。

3 若者の範囲意識が低下したと言われている。

4 今日の議論は範囲を決定しないで進めましょう。

69 ゆさぶる

1 お相撲さんは巨体を前後にゆさぶって歩いた。

2 ビルに欠陥があるのか、同じフロアを人が走っただけでゆさぶります。

3 東北関東大震災以降に、地震でもないのにゆさぶっている感じがする。

4 ゆさぶっている電車の中でまっすぐ立つのはなかなか難しい。

70 むやみに

1 むやみになかったことだったのでみんなびっくりした。

2 地震が起きたら、むやみに動かないようにしてください。

3 むやみにいえば、私は英語より日本語のほうが好きだ。

4 誰が何と言っても私はむやみに平凡な人です。

71 激励

1 政府は寒さに強い品種を激励した。

2 缶コーヒーを１本１０円で販売している激励自動販売機があった。

3 会長は社員みんなを激励した。

4 先生は子供たちに読書を激励した。

72 あゆみ

1 彼の仕事への**あゆみ**を感じた。

2 予算との**あゆみ**があって実現は難しい。

3 聴衆は彼に**あゆみ**ない拍手を送った。

4 吉田さん、ちょっと**あゆみ**をとめて一休みしましょう。

73 督促

1 脳や体の老化を**督促**させる原因が明らかになった。

2 怪しい人物が来ないか窓をよく**督促**してください。

3 貿易拡大の**督促**が可決された。

4 授業料を滞納していたら**督促**された。

74 いかめしい

1 彼はいつも上司にお世辞ばかり言って**いかめしい**。

2 祖父の写真を見ると、どれもみな**いかめしい**顔をしている。

3 彼女はいつも**いかめしい**身なりをしていて親に怒られる。

4 **いかめしい**雨の中を子供一人で歩いてきた。

75 いたる

1 国境を**いたった**兵士は銃殺された。

2 昨日の数学問題がずっと頭に**いたっている**。

3 これは国の名誉に**いたる**問題だ。このまま黙ってはいられない。

4 子供が家出をするに**いたって**はじめて親は子供をひどく叱ったことに気づいた。

76 厳選

1 父は子供たちに対して厳選だ。

2 これ以上厳選の余地はない。

3 この商品は厳選されたものだ。

4 彼の正義感が強いのは厳選な父親に育てられたからである。

77 ふれる

1 昔に比べ、外国語にふれる機会は格段に増えた。

2 私の会社は道路にふれている。

3 今会社は危険にふれている。

4 台風は時速９０キロで九州にふれている。

78 ひそかに

1 この雑誌の読者はひそかに主婦である。

2 二人は毎週ひそかに会っている。

3 今年の夏はひそかに暑い。

4 仕事をひそかにして上司に叱られた。

79 強引

1 子供が列の中に強引に割り込んできた。

2 採用された人員は強引だった。

3 頭が強引に痛くて病院に行った。

4 強引に助けてください。

[80] 洗練

1 災害救助の洗練を行った。

2 彼の勇気は誰が見ても洗練だった。

3 後輩に洗練にだまされた。

4 洗練された文章でみんなほめた。

[81] 禁物

1 通行禁物区域に入って罰金をとられた。

2 ここでUターン禁物している。

3 政府は動物の輸出を禁物した。

4 相手が弱くても油断は禁物だ。

[82] はかばかしい

1 彼の企画は思ったよりはかばかしく進まなかった。

2 家族みんなは引っ越しの準備ではかばかしい。

3 いつも人におごってもらうなんて、はかばかしいやつだな。

4 韓国と日本がワールドカップでベスト8になったことですごくはかばかしい。

[83] 称賛

1 新入社員の称賛は何にするか迷っている。

2 君の勇気は称賛に値する。

3 みんな議案に、投票で反対なしに称賛した。

4 母にすごく称賛を言われた子供は泣かんばかりの顔をしている。

84 もれる

1 極秘情報が他社にもれた。

2 太陽がもれても気温は５度だった。

3 ワインをその品質によって、４つの等級にもれた。

4 落雷で木の幹が真っ二つにもれた。

85 あらかじめ

1 私は、１点差であらかじめ試験に合格した。

2 働きすぎたあまり、バスに乗ったら手があらかじめだらりと垂れていた。

3 あらかじめ警告しておくが、来週までに終わらせてください。

4 明日が締め切りなのにあらかじめ終わってない。

86 切断

1 彼は宝石切断技術の大変な腕を持っている。

2 交通事故で両足を切断する大怪我を負った。

3 住民が自治体に対して資料の閲覧を切断した。

4 切断は案内デスクにお問い合わせください。

87 はかる

1 システムが悪かったので改善をはかった。

2 彼は自分がやりたいと欲をはかっている。

3 障害をはかって彼は結局優勝までした。

4 教授は日本の歴史に対してはかったけど、ぼくはよく知らなかった。

88 未だに

1 専門経営者としては、未だに会社のことについて知らない人だ。

2 会社の業績のいかんによって、社員がもらうボーナスの差が未だに出てくる。

3 私は未だに彼女がいたことがありません。

4 彼の本が２６日から世界で未だに発売される。

89 介護

1 この洗濯機は介護が乏しい。

2 介護を考えて薬を選んだほうがいい。

3 頭の低い彼は人に対しても介護だ。

4 娘が母の介護をしている。

90 収穫

1 怪我した象を治療するため収穫した。

2 今年の米の収穫量はよくなかった。

3 今年だけで収穫した賞金が１億円を越えた。

4 選挙違反の容疑で候補者を収穫した。

91 うとい

1 この部屋は昼間でもうといです。

2 体がうとい、重いと感じたらすぐに病院に行ってください。

3 私は爪がうとくて割れやすいです。

4 私は最近はやりの漫画にまったくうとい者です。

92 認識

1   人工か天然か認識しにくい材料だ。

2   エコマークは、環境保全に役立つと認識された商品につけられるマークです。

3   自分の立場をよく認識して行動しなさい。

4   部屋に誰もいないか認識してください。

93 とりあげる

1   宇宙開発は多くの研究者がすでにとりあげている分野です。

2   そのスキャンダルは、国会でもとりあげるほどの騒動となった。

3   飲酒運転をとりあげても違反は減っていない。

4   大事な物ですから気をつけてとりあげてください。

94 ぎっしり

1   なぜか分からないが食後ぎっしり1時間経つと胃が痛くなります。

2   野菜が冷蔵庫にぎっしりと詰まっている。

3   あれだけ頑張ったのが、すべて空しい努力だったと分かってぎっしりした。

4   お金を貸してくれと頼まれたがぎっしり断った。

95 正規

1   正規を使わずに直線をひくのは難しい。

2   日本とモナコの間には、正規な形での外交関係はない。

3   正規の手続きを踏んでください。

4   交通正規ちゃんと守ってください。

96 委嘱

1 彼が委員に委嘱された。

2 車と車の軽い委嘱事故なら、現場で解決してもいい。

3 最近、次々に委嘱小切手が見つけられた。

4 あの子は頭がよくて将来が委嘱されている。

97 台無し

1 せっかくの旅行が大雨で台無しになってくやしい。

2 ボランティアとしてアフリカに行ったが台無しな光景で驚いた。

3 大臣は改革の必要を台無しした。

4 台無しのいい土地を探しています。

98 きゃしゃ

1 すじはきゃしゃだがおもしろい映画だった。

2 試合に臨むにあたって、相手の弱点をきゃしゃに研究した。

3 スポーツ選手にしてはきゃしゃな体つきだ。

4 そこまで心配するにはあたらない。きゃしゃなことでないから。

99 整然

1 システムが完璧で整然するところがない。

2 好景気で国際整然がよくなった。

3 これがあなたの物か、整然してください。

4 山田教授の本棚はいつも本が整然と並べられている。

100 始末

1 新しい環境に<u>始末</u>するのは時間がかかる。

2 明日大事な会議があると言ってもまた遅刻する<u>始末</u>だ。

3 森にすむ野生の動物を<u>始末</u>した。

4 彼女の熱の入れた演説にみんな<u>始末</u>した。

N1

정답

📖 Part 1 (한자 읽기)

1 ③	2 ②	3 ①	4 ②	5 ②	6 ③	7 ②	8 ④	9 ②	10 ②
11 ④	12 ①	13 ①	14 ②	15 ④	16 ③	17 ③	18 ④	19 ②	20 ②
21 ③	22 ②	23 ①	24 ④	25 ①	26 ②	27 ①	28 ③	29 ②	30 ③
31 ②	32 ②	33 ④	34 ②	35 ①	36 ③	37 ②	38 ①	39 ④	40 ②
41 ③	42 ④	43 ④	44 ②	45 ③	46 ③	47 ①	48 ④	49 ②	50 ④
51 ③	52 ②	53 ①	54 ①	55 ③	56 ④	57 ①	58 ④	59 ③	60 ③
61 ②	62 ①	63 ②	64 ③	65 ①	66 ③	67 ②	68 ④	69 ④	70 ③
71 ①	72 ④	73 ②	74 ③	75 ②	76 ④	77 ②	78 ④	79 ①	80 ④
81 ②	82 ②	83 ④	84 ③	85 ④	86 ②	87 ①	88 ①	89 ④	90 ④
91 ②	92 ④	93 ②	94 ③	95 ④	96 ②	97 ①	98 ③	99 ①	100 ④
101 ①	102 ④	103 ③	104 ②	105 ①	106 ②	107 ③	108 ④	109 ③	110 ④
111 ①	112 ④	113 ③	114 ①	115 ②	116 ②	117 ①	118 ④	119 ②	120 ③

📖 Part 2 (공란 메우기)

1 ④	2 ②	3 ②	4 ②	5 ①	6 ③	7 ④	8 ①	9 ①	10 ③
11 ④	12 ②	13 ④	14 ③	15 ③	16 ④	17 ①	18 ②	19 ①	20 ③
21 ①	22 ②	23 ②	24 ②	25 ④	26 ③	27 ②	28 ②	29 ④	30 ③
31 ①	32 ③	33 ③	34 ①	35 ④	36 ①	37 ④	38 ②	39 ②	40 ④
41 ②	42 ②	43 ④	44 ④	45 ③	46 ①	47 ④	48 ②	49 ③	50 ②
51 ①	52 ①	53 ②	54 ②	55 ③	56 ③	57 ①	58 ③	59 ④	60 ④
61 ④	62 ②	63 ②	64 ②	65 ④	66 ③	67 ③	68 ①	69 ②	70 ①
71 ②	72 ②	73 ④	74 ②	75 ③	76 ③	77 ④	78 ③	79 ③	80 ④

81 ② 82 ④ 83 ① 84 ① 85 ② 86 ③ 87 ③ 88 ① 89 ② 90 ④

91 ① 92 ③ 93 ④ 94 ② 95 ① 96 ② 97 ③ 98 ④ 99 ① 100 ②

101 ④ 102 ③ 103 ① 104 ③ 105 ③ 106 ① 107 ③ 108 ② 109 ③ 110 ④

111 ② 112 ② 113 ② 114 ① 115 ③ 116 ② 117 ① 118 ③ 119 ④ 120 ④

121 ④ 122 ④ 123 ① 124 ④ 125 ① 126 ③ 127 ② 128 ① 129 ④ 130 ③

131 ② 132 ③ 133 ① 134 ④ 135 ④ 136 ② 137 ④ 138 ① 139 ④ 140 ③

141 ① 142 ④ 143 ② 144 ③ 145 ③ 146 ④ 147 ① 148 ② 149 ① 150 ③

151 ③ 152 ④ 153 ① 154 ④ 155 ② 156 ② 157 ③ 158 ④ 159 ② 160 ③

161 ③ 162 ④ 163 ① 164 ② 165 ③ 166 ③ 167 ④ 168 ① 169 ④ 170 ③

171 ③ 172 ② 173 ④ 174 ① 175 ④ 176 ③ 177 ② 178 ② 179 ② 180 ④

181 ② 182 ③ 183 ① 184 ② 185 ② 186 ④ 187 ③ 188 ④ 189 ④ 190 ③

191 ④ 192 ① 193 ④ 194 ① 195 ② 196 ④ 197 ① 198 ④ 199 ③ 200 ②

🔡 Part 3 (유사어 찾기)

1 ④ 2 ① 3 ③ 4 ② 5 ① 6 ④ 7 ② 8 ③ 9 ④ 10 ④

11 ② 12 ③ 13 ④ 14 ① 15 ② 16 ④ 17 ① 18 ② 19 ④ 20 ③

21 ③ 22 ④ 23 ① 24 ② 25 ④ 26 ① 27 ④ 28 ① 29 ④ 30 ①

31 ④ 32 ② 33 ③ 34 ④ 35 ④ 36 ① 37 ③ 38 ② 39 ② 40 ①

41 ② 42 ④ 43 ① 44 ③ 45 ④ 46 ① 47 ② 48 ③ 49 ② 50 ④

51 ② 52 ③ 53 ① 54 ④ 55 ② 56 ③ 57 ② 58 ④ 59 ① 60 ②

61 ④ 62 ③ 63 ① 64 ④ 65 ② 66 ① 67 ③ 68 ② 69 ④ 70 ③

71 ③ 72 ④ 73 ③ 74 ① 75 ② 76 ④ 77 ③ 78 ② 79 ① 80 ④

81 ④ 82 ① 83 ② 84 ③ 85 ④ 86 ④ 87 ③ 88 ② 89 ① 90 ④

91 ③ 92 ① 93 ④ 94 ③ 95 ① 96 ① 97 ④ 98 ① 99 ③ 100 ②

1 ④	2 ②	3 ①	4 ②	5 ②	6 ④	7 ①	8 ③	9 ④	10 ①
11 ③	12 ②	13 ①	14 ②	15 ③	16 ①	17 ④	18 ④	19 ②	20 ①
21 ③	22 ③	23 ②	24 ④	25 ①	26 ①	27 ②	28 ③	29 ③	30 ④
31 ①	32 ②	33 ④	34 ①	35 ②	36 ①	37 ③	38 ②	39 ①	40 ②
41 ④	42 ③	43 ④	44 ④	45 ③	46 ②	47 ①	48 ③	49 ②	50 ①
51 ①	52 ④	53 ②	54 ④	55 ②	56 ④	57 ③	58 ②	59 ③	60 ②
61 ③	62 ①	63 ③	64 ④	65 ①	66 ③	67 ②	68 ④	69 ①	70 ②
71 ③	72 ④	73 ④	74 ②	75 ④	76 ③	77 ①	78 ②	79 ①	80 ④
81 ④	82 ①	83 ②	84 ①	85 ③	86 ②	87 ①	88 ③	89 ④	90 ②
91 ④	92 ③	93 ②	94 ②	95 ③	96 ①	97 ①	98 ③	99 ④	100 ②

N1
해설

≫≫ 해설

📑 Part 1 (한자 읽기)

(1) 3 衛生 위생

그 조리장은 그다지 위생적이지 않다.

調理場 조리장

key point

護衛 호위　衛星 위성　生じる 생기다　生放送 생방송

(2) 2 衣装 의상

그녀는 스페인 의상을 입고 춤추고 있었다.

踊る 춤추다

key point

衣服 의복　浴衣 유카타　装飾 장식　服装 복장

(3) 1 雨具 우장

창고 안에는 비 올 때 사용하는 장비가 들어있다.

倉庫 창고　入る 들어가다

key point

雨宿り 비를 피함　小雨 가랑비, 이슬비　具 건더기

具体的 구체적

(4) 2 漏れる 새다

빛이 커튼 사이에서 새고 있었다.

光 빛　隙間 틈

key point

濡れる 젖다　雨漏り 비가 샘

(5) 2 富豪 부호

이 나라에는 대부호가 매우 많다.

国 나라　多い 많다

key point

富む 풍부하다　豊富 풍부　豪華 호화　豪邸 호화저택

(6) 3 執筆 집필

기사의 집필을 의뢰 받았다.

記事 기사　依頼 의뢰

key point

執念 집념　固執 고집　筆記 필기　曲筆 곡필(왜곡해서 쓰는 글)

(7) 2 微量 미량

제품에서 미량의 독물이 검출되었다.

製品 제품　毒物 독물　検出 검출

key point

顕微鏡 현미경　微動 미동　重量 중량　量産 양산

(8) 4 下宿 하숙

그녀는 삼촌 집에서 하숙하고 있다.

叔父さん 삼촌　所 곳

key point

下山 하산　上下 상하　宿命 숙명　宿泊 숙박

(9) 2 退治 퇴치

정부는 병과 빈곤을 퇴치하기 위해 노력했다.

政府 정부　病気 병　貧困 빈곤　努力 노력

key point

退屈 지루함　退社 퇴근　主治医 주치의　統治 통치

(10) 2 清濁 청탁

시대에 따라 청탁은 변화한다.

時代 시대　変化 변화

key point

清潔 청결　清掃 청소　濁音 탁음　汚濁 더럽혀짐

(11) 4 鈍い 무디다, 둔하다

창 밖에서 둔탁한 소리가 났다.

窓 창　外 밖　音がする 소리가 나다　脆い 여리다, 약하다

だるい 나른하다

key point

鈍い 느리다　鈍感 둔감

(12) 1 模範 모범

그의 운전은 좋은 운전의 모범이다.

運転 운전　りっぱだ 훌륭하다

key point

模様 모양　規模 규모　規範 규범　範囲 범위

(13) 1 嵐 폭풍

스키를 타러 간 일행은 폭풍에 휩쓸렸다.

一行 일행　巻き込まれる 휩쓸리다　霰 싸라기눈　畑 밭　よ
だれ 침, 군침

key point

暴風雨 폭풍우　小夜嵐 밤에 부는 폭풍

(14) 2 正体 정체

살인범의 정체는 아직까지 모른다.

殺人犯 살인범　未だに 아직까지, 여태껏

key point

「正」은 음독이 「せい」와 「しょう」 두 가지가 있다. 다음의 여섯 단어를 제외하고는 전부 「せい」로 읽는다.

正月 정월　正直 정직　正午 정오　正面 정면　正体 정체
正念場 가장 중요한 장면

(15) 4 印鑑 인감

인감증명서가 필요합니다.

証明書 증명서　必要 필요

key point

調印 조인　印象 인상　鑑賞 감상　鑑札 감찰

(16) 3 欧米 구미, 유럽과 미국

구미인은 동양인 보다 체격이 크다.

東洋人 동양인　体格 체격

key point

欧州 유럽　欧亜 유럽과 아시아　玄米 현미　新米 햅쌀, 신참

(17) 3 融資 융자

은행에서 500만 엔의 융자를 받았다.

銀行 은행　受ける 받다

key point

金融 금융　融通 융통　投資 투자　出資 출자

(18) 4 細胞 세포

인체에는 몇 십억의 작은 세포가 있다.

人体 인체　何十億 몇 십억

key point

細工 세공　繊細 섬세

(19) 2 色彩 색채

저 교회는 기독교적인 색채가 진하다.

教会 교회　的 적　濃い 진하다

key point

音色 음색　顔色 안색　光彩 광채　多彩 다채

(20) 2 軸 축

타이어는 축을 중심으로 해서 회전한다.

車輪 타이어　中心 중심　回転 회전　壷 항아리　崖 벼랑, 절벽　羽 날개

key point

横軸 가로축　縦軸 세로축

(21) 3 勧告 권고

의사가 권고했는데 술을 끊지 않았다.

医者 의사　酒 술　止める 그만두다

key point

勧誘 권유　勧奨 권장　広告 광고　報告 보고

(22) 2 油絵 유화

유화의 전람회가 개최되었다.

展覧会 전람회　開く 열다

key point

醤油 간장　給油 급유　絵画 회화　浮世絵 에도시대의 풍속화

(23) 1 控除 공제

의료비가 10만 엔을 넘어서 세금의 공제를 받을 수 있었다.

医療費 의료비　越える 넘다　税金 세금　受ける 받다

key point

控訴 공소　控室 대기실　削除 삭제　免除 면제

(24) 4 誘導 유도

배는 좁은 해협을 통과해서 무사히 항구에 유도되었다.

船 배　狭い 좁다　海峡 해협　通る 지나다　無事 무사　港 항구

key point

誘因 유인　誘拐 유괴　引導 인도　指導 지도

(25) 1 温暖 온단

세계의 기후는 점점 온난화되고 있다.

世界 세계　気候 기후

key point

恒温 항온　温厚 온후　暖冬 따뜻한 겨울　暖房 난방

(26) 2 緩む 느슨해지다

그의 로프를 잡은 손이 느슨해졌다.

握る 쥐다　手 손　臨む 임하다　励む 애쓰다　危ぶむ 염려
하다, 의심하다

key point

緩和 완화　緩やかだ 온화하다

(27) 1 費やす 쓰다, 소비하다, 낭비하다

그는 그 책을 쓰는데 3년의 노동력을 소비했다.

本 책　書く 쓰다　労力 수고, 노동력　生やす 기르다　燃や
す 태우다　癒す 치료하다

key point

浪費 낭비　経費 경비

(28) 3 指揮 지휘

그의 지휘로 그 교향곡이 연주되었다.

交響曲 교향곡　演奏 연주

key point

指摘 지적　指導 지도　揮発 휘발　発揮 발휘

(29) 2 短縮 단축

새로운 철도가 생겨, 반도 일주여행이 하루 단축되었다.

新しい 새롭다　鉄道 철도　半島 반도　一周 일주　旅行 여
행

key point

短気 성급함　短所 단점　縮小 축소　萎縮 위축

(30) 3 同盟 동맹

다른 나라와 동맹을 맺었다.

他国 타국　結ぶ 맺다, 잇다

key point

同伴 동반　同期 동기　加盟 가맹　連盟 연맹

(31) 2 避ける 피하다, 면하다

그는 개를 피하려고 핸들을 오른 쪽으로 꺾었다.

犬 개　右に切る 오른 쪽으로 꺾다　欠ける 빠지다　負ける
패하다　溶ける 녹다

key point

避難 피난　避ける 피하다

(32) 2 雇う 고용하다

그 호텔은 5명의 요리사를 고용하고 있다.

料理人 요리사　救う 구하다　奪う 빼앗다　からかう 놀리다

key point

雇用 고용　解雇 해고

(33) 4 余暇 여가

여가를 내 정원손질을 했다.

庭 정원　手入れ 손질

key point

余裕 여유　余波 여파　閑暇 한가　寸暇 짬

(34) 2 敏感 민감

이 침은 전류에 민감하게 반응합니다.

針 바늘　電流 전류　反応 반응

key point

敏速 신속함　鋭敏 예민　感心 감동　感無量 감개무량

(35) 1 防火 방화

필사적으로 불을 막는데 노력했다.

必死 필사　努める 노력하다

key point

防衛 방위　防護 방호　火口 분화구　下火 시들해짐

(36) 3 滞納 체납

세금의 체납에 의한 압류를 당했다.

税金 세금　差し押えを食う 압류를 당하다

key point

渋滞 정체　滞り 밀림, 지체　出納 출납　納得 납득

(37) 2 円滑 원활

일은 원활하게 진행되고 있다.

仕事 일　進む 나아가다, 진행되다

key point

円盤 원반　円満 원만　滑走路 활주로　滑降 활강

(38) 1 解除 해제

홍수경보가 해제되었다.

洪水 홍수　警報 경보

key point

解禁 해금　解体 해체　除去 제거　除外 제외

(39) 4 誘惑 유혹

그녀를 유혹해 돈을 훔치게 했다.

金 돈　盗む 훔치다

key point

迷惑 민폐　惑星 혹성

(40) 2 **構える** 차리다, 태세를 갖추다

조합은 4월 15일에 파업을 할 태세를 취하고 있다.

組合 조합　**スト** 스트라이크, 파업　**備える** 대비하다　**与える** 주다　**数える** 세다

key point

構成 구성　**機構** 기구

(41) 3 **弾力** 탄력

탄력적인 규칙을 적용했다.

規則 규칙　**適用** 적용

key point

爆弾 폭탄　**銃弾** 총탄　**馬力** 마력　**怪力** 괴력

(42) 4 **著名** 저명

저명한 학자의 강연회가 열렸다.

学者 학자　**講演会** 강연회　**開く** 열다

key point

著者 저자　**顕著** 현저　**宛名** 수신인 명　**本名** 본명

(43) 4 **伝言** 전언

당신의 전언을 그에게 전하겠습니다.

伝える 전하다

key point

「言」은 음독이 「げん」와 「ごん」두 가지가 있다. 다음의 네 단어를 제외하고는 전부 「げん」으로 읽는다.

伝言 전언　**遺言** 유언　**無言** 무언　**過言** 과언

(44) 2 **鉄鋼** 철강

당사는 철강 1차 및 2차 제품을 취급하는 상사입니다.

当社 당사　**一次** 1차　**二次** 2차　**製品** 제품　**取り扱う** 취급하다　**商社** 상사

key point

鋼鉄 강철　**製鉄** 제철

(45) 3 **博士** 박사

겨우 박사과정을 끝냈다.

課程 과정　**終える** 끝내다

key point

該博 해박　**万博** 만국박람회　**栄養士** 영양사　**騎士** 기사

(46) 3 **保護** 보호

정치범이 미국대사관에 보호를 요청했다.

政治犯 정치범　**米国** 미국　**大使館** 대사관　**求める** 구하다, 요구하다

key point

保証 보증　**保育** 보육　**養護** 양호　**介護** 병수발

(47) 1 **誇る** 자랑하다, 뽐내다

그녀의 이 업적은 충분히 자랑할 만한 것이다.

業績 업적　**十分だ** 충분하다　**足る** 할 만하다　**勝る** 더 낫다　**化ける** 둔갑하다, 변장하다　**鈍る** 무디어지다, 둔해지다

key point

誇張 과장　**誇示** 과시

(48) 4 **概念** 개념

문제를 개념적으로 파악해 주기를 바란다.

問題 문제　**捕らえる** 파악하다

key point

概論 개론　**大概** 대체로　**念願** 염원　**強迫観念** 강박관념

(49) 2 **疑惑** 의혹

의혹의 눈으로 보면 매사는 의심스럽게 되는 법이다.

物事 모든 일　**疑わしい** 의심스럽다

key point

疑問 의문　**質疑** 질의　**困惑** 곤혹　**当惑** 당혹

(50) 4 **土手** 둑

강에 둑을 쌓았다.

川 강　**築く** 쌓다, 구축하다

key point

「土」는 음독이 「ど」와 「と」두 가지가 있다. 아래의 한 단어를 제외하고는 전부 「ど」로 읽는다.

土地 땅, 토지

(51) 3 **書留** 등기

소포를 등기로 보냈다.

小包 소포　**送る** 보내다

key point

落書き 낙서　**古文書** 고문서　**残留** 잔류　**滞留** 체류

(52) 2 抑制 억제

불만을 이 이상 억제 할 수 없다.

不満 불만　以上 이상

key point

抑圧 억압　抑える 누르다, 억제하다　制御 제어　制限 제한

(53) 1 余地 여지

그 사전은 크게 개선할 여지가 있다.

辞書 사전　大いに 매우　改善 개선

key point

余暇 여가　余裕 여유　地盤 지반　地酒 토속주

(54) 1 良識 양식

그의 양식 있는 행동을 기대하고 있다.

行動 행동　期待 기대

key point

最良 최량　良心 양심　認識 인식　識別 식별

(55) 3 揺さぶる 동요시키다, 흔들다

총리의 갑작스런 해임은 정계를 흔들었다.

総理 총리　突然 돌연　解任 해임　政界 정계

key point

動揺 동요　揺らぐ 흔들리다

(56) 4 危うい 위태롭다, 조마조마하다

계획이 실행될지 어떨지는 위태롭기만 하다.

計画 계획　実行 실행

key point

危ぶむ 염려하다　危機 위기

(57) 1 桟橋 선창

선창에서 낚시를 하고 있는 사람이 있었다.

釣り 낚시

key point

歩道橋 육교　橋脚 교각

(58) 4 転寝 선잠

우리 어머니는 어릴 때부터 내가 선잠을 자면 귀신 같이 엄청 화를 냈다.

鬼 도깨비　怒鳴る 화를 내다

key point

転落 전락　転校 전학　寝台 침대　就寝 취침

(59) 3 大筋 대강의 줄거리

이 범죄소설을 읽고 대강의 줄거리를 쓰세요.

犯罪 범죄　小説 소설

key point

大陸 대륙　大柄 큰 몸집　筋肉 근육　粗筋 줄거리

(60) 3 竿 장대

대나무로 만든 장대로 감을 땄다.

竹 대나무　柿 감　籠 바구니　崖 벼랑　杖 지팡이

key point

竿釣 장대낚시　竿縁 반자틀

(61) 2 誇示 과시

학력을 과시하고 싶어하는 사람은 대체로 자신감이 없는 사람이 많다.

学歴 학력　大体 대체로　自信 자신감

key point

誇る 뽐내다　展示 전시　掲示 계시　指示 지시

(62) 1 目論見 계획, 의도

상사에게 「하반기에 대한 계획을 제출해」라고 들었다.

上司 상사　下半期 하반기　提出 제출

key point

目玉 주력상품　目前 목전　目尻 눈꼬리

(63) 2 河原 강가의 모래밭

강가의 모래밭에서 나 뒹구니 등에 돌이 부딪혔다.

背中 등　石 돌

key point

河川 하천　山河 산하　原点 원점　原始 원시

(64) 3 合宿 합숙

저 팀이 우승했다고 해서, 놀랄 필요는 없다. 겨울 방학에 멤버 전원이 2개월이나 합숙했으니까.

優勝 우승　驚く 놀라다　〜にあたらない ~할 필요 없다
全員 전원

key point

合唱 합창　合致 합치　合併 합병

(65) 1 迅速 신속

구급대는 신속한 조치를 행했다.

救急隊 구급대　措置 조치　行う 행하다

key point

速やかだ 재빠르다　急速 급속

(66) 3 交渉 교섭

조합은 단체교섭권을 요구했다.

組合 조합　団体 단체　求める 요구하다

key point

交代 교대　交換 교환　干渉 간섭

(67) 2 鉱山 광산

이곳은 광산 노동자가 많은 곳이다.

労働者 노동자

key point

火山 화산　登山 등산　下山 하산　高山 고산

(68) 4 照明 조명

간접 조명이 건강에 좋다고 한다.

間接 간접　健康 건강

key point

照る 비치다　明らかだ 밝혀지다

(69) 4 調印 조인

일미의 수뇌는 새로운 통상 조약에 조인했다.

日米 일미　首脳 수뇌　新ただ 새롭다　通商 통상　条約 조약

key point

調査 조사　印刷 인쇄　印鑑 인감

(70) 3 炭素 탄소

대기중의 이산화탄소는 극히 미량이 포함되어 있다.

大気中 대기중　二酸化炭素 이산화탄소　ごく 극히　微量 미량　含む 포함하다

key point

酸素 산소　水素 수소　素人 아마추어

(71) 1 演奏 연주

많은 사람 앞에서 연주하는 것이, 어릴 때부터 꿈이었다.

大勢 많은 사람　夢 꿈

key point

講演 강연　演説 연설　合奏 합주　奏でる 연주하다

(72) 4 消去 소거

부재중 전화의 메시지를 소거했다.

留守番電話 자동응답전화

key point

消化 소화　消滅 소멸　消す 지우다, 끄다

(73) 2 大望 대망

큰 소망을 가슴에 품고 고향을 뒤로했다.

胸 가슴　故郷 고향

key point

「望」는 음독이 「ぼう」와 「もう」 두 가지가 있다. 아래의 세 단어를 제외하고는 전부 「ぼう」로 읽는다.

大望(たいもう・たいぼう) 대망　本望 본래의 소망　所望 소망

(74) 3 申告 신고

1년에 한 번은 소득을 신고해야만 한다.

所得 소득

key point

申請 신청　警告 경고　告示 고시

(75) 2 簡潔 간결

저 소설가는 간결한 문장으로 유명하다.

小説家 소설가　文章 문장

key point

簡易 간이　簡素 간소　潔白 결백　清潔 청결

(76) 4 燃焼 연소

불완전연소(엉망진창) 같은 고등학교 생활을 한 나는 지금의 고등학생에게는 그런 고등학교 시절을 보내기를 바라지 않는다.

不完全 불완전　高校 고등학교　送る 보내다　生活 생활

key point

燃料 연료　燃費 연비　焼却 소각　延焼 옮겨 붙음

(77) 2 転落 전락

발이 미끄러져 벼랑에서 굴렀다.

滑る 미끄러지다　崖 벼랑

key point

転倒 전도, 넘어짐　転勤 전근　落選 낙선　没落 몰락

(78) 4 痛感 통감

테스트를 할 때마다 실력이 없음을 통감한다.

実力 실력

key point

痛快 통쾌　痛烈 통렬

(79) 1 帯びる 차다

단총을 허리에 찬 경관이 다수 경계에 임했다.

短銃 단총　腰 허리　警官 경관　多数 다수　警戒 경계　あたる 임하다　錆びる 녹슬다　かびる 곰팡이가 피다　伸びる 늘다

key point

熱帯 열대　亜寒帯 아한대

(80) 4 誤差 오차

오차는 3초 이내입니다.

秒 초　以内 이내

key point

誤解 오해　錯誤 착오　差別 차별　差異 차이

(81) 2 結晶 결정

이번 우승은 피와 땀과 눈물의 결정체이다.

優勝 우승　血 피　汗 땀　涙 눈물

key point

結成 결성　結束 결속　液晶 액정　水晶 수정

(82) 2 慣らす 단련시키다

모든 투수는 불펜에서 어깨를 단련시켰다.

全て 모든　投手 투수　肩 어깨　荒らす 망가뜨리다, 황폐하게 하다　逸らす 놓치다, 빗나가게 하다

key point

習慣 습관　慣行 관행

(83) 4 恵む 베풀다

구걸하러 온 노인에게 음식을 베풀었다

物乞い 구걸　老人 노인　歩む 걷다　挑む 도전하다　拝む 배례하다

key point

恩恵 은혜　知恵 지혜

(84) 3 明かす 밝히다

젊을 때는, 울면서 밤을 지새운 적도 있었다.

若い 젊다　泣く 울다　夜 밤　任す 맡기다　犯す 저지르다　生かす 전공이나 경험 등을 살리다

key point

明日 내일　明朝 내일 아침

(85) 4 緩む 느슨해지다, 풀리다

회의가 끝나자, 그의 표정은 (긴장이) 풀려, 평소와 같은 본래의 컨디션으로 되돌아왔다.

会議 회의　表情 표정　くだける 허물없다　調子 컨디션　戻る 되돌아오다　霞む 흐려지다　絡む 얽히다　歩む 걷다

key point

緩急 완급　緩衝 완충

(86) 2 仕切る 결산하다

수상 파티를 결산해 주지 않을래?

受賞 수상

key point

区切る 구분 짓다　奉仕 봉사

(87) 1 即する 입각하다

탁상 공론이 아니고, 실정에 입각한 토론을 다하기를 바란다.

机上の空論 탁상공론　実情 실상　議論 토론　尽くす 다하다

key point

即時 즉시　即席 즉석

(88) 1 霞む 침침해지다, 흐려지다

눈물로 그녀의 눈이 흐려졌다.

涙 눈물　危ぶむ 위험하다　阻む 막다　営む 경영하다, 살아가다

key point

霞 안개

(89) 4 掲げる 걸다

게시판에 포스터를 걸었다.

掲示板 게시판　投げる 던지다　下げる 내리다　捧げる 받치다

key point

掲揚 게양

(90) 4 試みる 시도하다, 시험하다

쓸데없는 짓이라고 알면서 저항을 시도했다.

無駄 쓸데없음　抵抗 저항　染みる 스며들다　省みる 반성하다

key point

試す 시도하다, 시험하다　試食 시식

(91) 2 群がる 떼지어 모이다

개미가 설탕에 떼지어 모여있다.

砂糖 설탕

key point

群 무리　群衆 군중

(92) 4 背く 어기다, 배신하다

그는 상관의 명령을 어겨 처벌받았다.

上官 상관　命令 명령　処罰 처벌　咲く 피다　急く 서두르다　叩く 두드리다

key point

背筋 등줄　背中 등

(93) 2 携わる 종사하다

경리 일에 종사하고 있다.

経理 경리　仕事 일　こだわる 구애 받다　座る 앉다　祝う 축하하다

key point

携帯 휴대　提携 제휴

(94) 3 似通う 서로 비슷하다

비슷한 현상이 각지에서 일어났다.

現象 현상　各地 각지　起こる 일어나다

key point

類似 유사　真似 흉내　通用 통용　通過 통과

(95) 4 摘む 따다, 치다

좋은 꽃을 피우기 위해서, 쓸데없는 꽃을 쳐냈다.

咲く 피다　余分 여분　病む 아파하다　死ぬ 죽다　編む 짜다

key point

指摘 지적　摘出 적출

(96) 2 歩む 걷다

지금까지 걸어온 길을 뒤돌아보았다.

振り返える 뒤돌아보다　霞む 흐려지다　頼む 부탁하다　産む 낳다

key point

歩道 보도　徒歩 도보

(97) 1 操る 조종하다, 구사하다

그녀는 3개 국어를 구사할 수 있다.

~力国語 ~개 국어　薄める 묽게 하다　納める 납입하다, 거두다　擦る 비비다

key point

操縦 조종　操業 조업

(98) 3 危ぶむ 걱정하다, 불안해하다

여기저기서 성공을 걱정하는 소리가 들렸다.

成功 성공　声 목소리　聞こえる 들리다

key point

危害 위해　危惧 걱정하고 두려워함

(99) 1 何気ない 태연하다, 아무렇지도 않다

그의 아무렇지도 않은 한마디가 그녀를 상처 입혔다.

一言 한마디　傷付ける 상처 입히다

key point

湿気 습기　湯気 김

(100) 4 悩ましい 고통스럽다, 괴롭다

일미간에는 괴로운 문제가 산적해 있다.

日米間 일미간　山積 산적　望ましい 바람직하다　好ましい 호감이 가다　勇ましい 용감하다

key point

煩悩 번뇌　苦悩 고뇌

(101) 1 切ない 안타깝다, 애절하다

이 애절한 마음을 어떻게 할 수도 없다.

key point

切断 절단　痛切 통절

(102) 4 空しい 허무하다

저 만큼 열심히 했던 것이, 모두 허무한 노력이었다고 알고 실망했다.

努力 노력　著しい 현저하다　勇ましい 용감하다　詳しい 상세하다

key point

架空 가공　空間 공간

(103) 3 平たい 평평하다, 평이하다

쉬운 말로 말해 주기를 바란다.

言葉 말

key point

平社員 평사원　平等 평등

(104) 2 渋い 떫다

이런 떫은 감은 먹을 수 없다.

柿 감　食う 먹다　荒い 거칠다　温い 미지근하다　緩い 느슨
하다

key point

渋滞 정체

(105) 1 好ましい 호감이 가다

그녀의 조심스러운 태도는, 모두에게 호감 가는 인상을 주었다.

控え目 조심스러움　態度 태도　一同 일동　印象 인상　与え
る 주다　悩ましい 괴롭다　望ましい 바람직하다　勇ましい
용감하다

key point

大好物 아주 좋아하는 것　好感 호감

(106) 2 半端だ 어정쩡하다

부끄럽지만, 젊을 때부터 어정쩡한 행동만 해 왔습니다.

恥ずかしながら 부끄럽지만　若い 젊다

key point

端 가장자리　道端 길가

(107) 3 盛んだ 번성하다, 활발하다, 왕성하다

저 나이에 격렬한 토론을 하시다니 왕성하시군요.

激しい 세차다　議論 토론

key point

繁盛 번성　全盛期 전성기

(108) 4 粋だ 멋지다, 세련되다

멋진 조치에 기쁘군.

はからい 조치

key point

純粋 순수　無粋 멋없음, 촌스러움　抜粋 발췌

(109) 3 月並みだ 진부하다, 평범하다

평범한 사람의 평범한 일기입니다.

日記 일기

key point

一月 한달　人並み 남만큼

(110) 4 華やかだ 화려하다

무대의상은, 매우 화려한 것이었다.

舞台 무대　衣装 의상　細やかだ 세세하다　円やかだ 둥그
스름하다　鮮やかだ 선명하다, 뛰어나다

key point

華麗 화려

(111) 1 豪華だ 호화스럽다

오늘은 화려하고 호화로운 물건들을 갖추었습니다.

華やかだ 화려하다　品々 물건들　揃える 갖추다

key point

豪雨 호우　強豪 강호

(112) 4 境界 경계

토지의 경계를 둘러싸고 인가와 (이웃집과) 싸웠다.

土地 토지　〜をめぐって ~을 둘러싸고　隣家 이웃집　争う
싸우다

key point

国境 국경　境 경계　業界 업계

(113) 3 強化 강화

침입자를 대비해서 경비를 강화했다.

侵入者 침입자　警備 경비

key point

「強」은 음독이 「きょう」와 「ごう」 두 가지가 있다. 아래의 네 단
어를 제외하고는 전부 「きょう」로 읽는다.

強盗 강도　強奪 강탈　強引 강제로　強情 고집에 셈

(114) 1 原典 원전

원전에 임해서 인용문에 실수가 없는지 어떤지를 조사했다.

〜にあたって ~에 임해서　引用文 인용문　誤り 잘못　調べ
る 조사하다

key point

原液 원액　原書 원서　典型 전형　古典 고전

(115) 2 負債 부채

이렇게 부채가 많으리라고는 생각지도 못했다.

思いもよらない 생각지도 못하다

key point

勝負 승부　負傷 부상　債権 채권　債務 채무

(116) 2 富豪 부호

그는 세계적인 부호로서 유명하다.

世界的 세계적

key point

富む 풍부하다　富貴 부귀

(117) 1 酪農 낙농

가까운 장래에 낙농관계의 전직을 생각하고 있습니다.

将来 장래　関係 관계　転職 전직

key point

農業 농업　農産 농산

(118) 4 窮乏 궁핍

국민 일반의 생활은 극도의 궁핍에 빠졌다.

国民 국민　一般 일반　生活 생활　極度 극도　陥る 나쁜 일
에 빠지다

key point

困窮 곤궁　窮屈 비좁음　欠乏 결핍　貧乏 가난함

(119) 2 阻む 기가 꺾이다, 방해하다

정치가가 여성의 사회진출을 방해했다고 합니다.

政治家 정치가　女性 여성　社会 사회　進出 진출　拒む 거
절하다, 거부하다　絡む 얽히다, 시비를 걸다　学ぶ 배우다

key point

阻止 저지　阻害 저해

(120) 3 奨励 장려

원자력발전 등을 대신하는 재생 가능한 에너지의 이용을 장려했
다.

原発 원자력발전　代わる 대신하다　再生 재생　可能 가능
利用 이용

key point

奨学金 장학금　激励 격려

(121) 1 溝 도랑

공원의 물 마시는 곳에 물을 끌어내는 도랑이 있다.

公園 공원　水飲み場 물 마시는 곳　導く 인도하다, 이끌다
崖 벼랑, 절벽　枠 틀　滝 폭포

key point

溝 하수구, 도랑　荒溝 물이 없는 도랑

(122) 1 消耗 소모

소모품비와 잡비의 차이에 대해서 알고 계십니까?

品費 품비　雑費 잡비　違い 차이　ご存知 「分かる-알다」의
존경어

key point

消去 소거　解消 해소　磨耗 마모

(123) 3 搭載 탑재

이 카메라는 대용량 베터리를 탑재하고 있다.

大容量 대용량

key point

記載 기재　混載 혼재

(124) 2 商い 장사, 영업

분수에 맞는 작은 장사를 시작했다.

身の丈にあう 분수에 맞다　始める 시작하다　勢い 기세

災い 재앙　戸惑い 망설임

key point

商売 장사　年商 연간 매상고

(125) 3 締結 체결

노동계약의 체결은 갱신 및 고용해지를 둘러싼 트러블방지를 위
해서 중요하다.

労働 노동　契約 계약　更新 갱신　及び 및　雇止め 고용해
지　めぐる 둘러싸다　防止 방지　重要 중요

key point

団結 단결　結納 약혼의 증거로 예물을 교환하는 일

(126) 4 種々 여러 가지

여러 가지 갖춰 있으니, 천천히 보세요.

揃える 갖추다

key point

珍種 신기한 종류　種目 종목

(127) 1 押印 날인

그 기명의 옆에 날인해 주세요.

記名 기명　横 옆

key point

押送 압송　押収 압수　印鑑 인감　調印 조인

(128) 2 労う 노고를 치하하다

그는 정말 열심히 해 주었기 때문에 위로해 주자.

本当に 정말로　頑張る 열심히 하다　ためらう 주저하다　補
う 보충하다　からかう 놀리다

key point

労働 노동　労力 노동력

(129) 4 覆す 뒤집다

지금까지의 성식을 뒤집은 학설이었다.

常識 상식　学説 학설　ごまかす 속이다, 얼버부리다　耕す
경작하다　滅ぼす 멸망시키다

key point

覆る 뒤집히다

(130) 1 与する 가담하다, 편들다

어떤 입장에도 편들고 싶지 않다.

いずれ 어떤　立場 입장

key point

与える 주다　授与 수여

(131) 2 慰謝料 위자료

위자료의 통념은 일반적으로 50만 엔~300만 엔이라고 일컬어
지고 있다.

相場 시세, 일반적 통념　一般的 일반적

key point

慰める 위로하다　謝罪 사죄

(132) 4 履行 이행

약속을 이행하기 위해서 노력하고 있다.

約束 약속　努める 노력하다

key point

履歴書 이력서　履修 이수　行儀 예의　修行 수행

(133) 3 遅滞 지체

지체없이, 그 취지를 의뢰자에게 보고해야만 한다.

むね 취지　依頼者 의뢰자　報告 보고

key point

遅延 지연　遅刻 지각　渋滞 정체　滞納 체납

(134) 4 謹んで 삼가

불상사 등이 있으면, 삼가 사과말씀 드리겠습니다.

不祥事 불상사　詫びる 사과하다

key point

謹慎 근신　謹賀 근하

(135) 4 処世術 처세술

대기업에서 출세하기 위해서는, 실력은 물론 처세술도 필요하게
된다.

大企業 대기업　出世 출세　実力 실력　必要 필요

key point

対処 대처　世間 세상　技術 기술

(136) 1 若手 젊은 사람, 젊은 측

젊은 사원이 성장하지 않는 원인은 무엇일까?

社員 사원　成長 성장　原因 원인

key point

老若男女 남녀노소　人手 일손

(137) 3 施す 시행하다, 베풀다

이 증명서에는 비침 무늬 등의 부정방지처치가 되어 있습니다.

証明書 증명서　すかし 비침 무늬　等 등　不正 부정　防止
방지　処置 처치　明かす 밝히다　干す 말리다　値 する 값
어치가 있다

key point

施行 시행　施錠 열쇠를 채움

(138) 2 若干 약간

기계에는 약간 문제가 있다.

機械 기계　問題 문제

key point

若輩者 경험이 얕고 미숙한 사람　干渉 간섭

(139) 2 覚書 각서

각서는 계약서의 보조적인 역할을 하는 문서이다.

契約書 계약서　補助的 보조적　役割 역할　文書 문서

key point

覚醒 각성　落書き 낙서

(140) 3 交わす 주고받다

아무래도 합의서를 주고받은 사원으로부터 정보가 샌 것 같다.

どうやら 아무래도　合意書 합의서　社員 사원　情報 정보
漏れる 새다　壊す 망가뜨리다　回す 돌리다

key point

交わる 엇갈리다, 교차하다　交換 교환

◈ Part 2 (공란 메우기)

(1) 4 ろくだ 제대로 이다

아직 누구에게도 말하지 않았지만, 나에게는 제대로 된 계획이 있
다.

計画 계획　おだやかだ 온화하다　すこやかだ 건강하다, 건
전하다　こがらだ 몸집이 작다, 사이즈가 작다

key point

「ろくでなし:변변치 않은 사람」「ろくな食事:제대로 된 식사」
라는 표현이 시험에 자주 출제된다.

(2) 2 簡易だ 간이(간편)하다

골판지로 만든 것뿐인 간이침대에서 생활하는 사람도 있다.

作る 만들다　暮らす 생활하다　簡潔だ 간결하다　要素 요소
素材 소재

key point

「簡易課税:간이과세」「簡易書留:간이등기」「簡易評価:간이평
가」 등의 표현도 같이 알아두자.

(3) 2 勤勉だ 근면하다

그녀는, 집에서도 매일 3시간 학습하는 매우 근면한 학생이다.

自宅 자택　学習 학습　肝心だ 중요하다　強硬だ 강경하다
拡大 확대

유사어로「まめまめしい:부지런하다, 착실하다」「真面目だ:성실하다」가 있는데, 파트 3에서 자주 출제된다.

(4) 2 厳密だ 엄밀하다
엄밀하게 말하면 바르지 않은 일본어를 말하는 일본인도 적지 않다.
正しい 바르다　厳重だ 엄중하다　過密だ 과밀하다　精密だ 정밀하다

다른 예문을 살펴보면,「厳密な区分け:엄밀한 구분」「厳密な比較をする:엄밀한 비교를 하다」「厳密な管理:엄밀한 관리」등이다.

(5) 1 みぢかだ 가까이에 있다, 관계가 깊다. 친근하다
오늘의 이야기는「인사의 의미」라고 하는 매우 친근한 테마였다.
意味 의미　おろかだ 어리석다　きまぐれだ 변덕이 심하다
ものずきだ 색다른 것을 좋아하다

「身近だ」라는 한자를 사용하는데, 한자를 알면 의미를 알 수 있다.

(6) 3 きざだ 아니꼽다, 비위에 거슬리다
왜 치한이라는 비위에 거슬리는 행위가 없어지지 않은 것일까?
チカン 치한　行為 행위　おごそかだ 엄숙하다　かすかだ 희미하다　おろそかだ 소홀하다

다른 예문을 보면,「きざな態度:비위에 거슬리는 태도」「きざなやつ:비위에 거슬리는 녀석」「きざな言葉:비위에 거슬리는 말」등이 있다.

(7) 4 陰鬱だ 밝지 못하다, 침울하다, 우울하다
항상 침울한 그에게는 친구가 없다.
友人 친구　露骨だ 노골적이다　簡易だ 간이하다　肝心だ 중요하다

한자의 음을 묻는 문제가 출제될 수도 있다. 다른 예문을 보면,「陰鬱な雰囲気:음울할 분위기」「陰鬱な気分:우울한 기분」등이 있다.

(8) 1 素朴だ 소박하다
그는 지방 출신으로, 그 소박한 인품이 모두에게 사랑 받고 있다.
地方 지방　出身 출신　人柄 인품　愛する 사랑하다　質素だ 검소하다　簡素だ 간소하다　簡潔だ 간결하다

「朴」이 들어가는 N1어휘는 위의 어휘 외에는 출제되지 않는다.
「素朴な生活ぶり:소박한 생활모습」「素朴な身なり:소박한 옷차림」등도 알아두자.

(9) 1 単調だ 단조롭다
매일 똑같은 일을 반복하는 단조로운 나날을 보내고 있다.
繰り返す 반복하다　日々 나날　送る 보내다　簡単だ 간단하다　単純だ 단순하다　単独 단독

「単純なミス:단순한 실수」「単純な構造:단순한 구조」「単純なものにしていた:단순한 것으로 했다」의 예문도 알아두자.

(10) 3 痛切だ 통절하다
사고의 원인이 회사에 있는 것이 판명되어, 경영자는 책임의 중함을 통절하게 느끼고 있다.
事故 사고　原因 원인　判明 판명　経営者 경영자　責任 책임　重さ 무거움　感じる 느끼다　大切だ 중요하다　親切だ 친절하다　忠実だ 충실하다

「痛切さを感じさせる本:통절함을 느끼게 하는 책」처럼「痛切さ」와 사역형을 조합해서 출제되기도 한다.

(11) 4 悲惨だ 비참하다
그의 인생은 실패의 연속으로, 매우 비참한 것이었다.
人生 인생　失敗 실패　連続 연속　怠慢だ 태만하다　冷淡だ 냉담하다　厳密だ 엄밀하다

「惨めだ」와 같은 의미이다.「悲惨な光景:비참한 광경」「悲惨な姿:비참한 모습」도 같이 알아두자.

(12) 2 薄弱だ 박약하다
정열이 결여된, 의지박약한 남자가 늘었다.
情熱 정열　欠ける 빠지다, 결여되다　意志 의지　増える 늘다　貧弱だ 빈약하다　貧困だ 빈곤하다　貧乏だ 가난하다

「薄弱な根拠:약한 근거」「薄弱な理由:약한 이유」「薄弱な推理:약한 추리」등도 알아두자.

(13) 4 不吉だ 불길하다
길을 걷고 있었더니 눈앞에서 검은 고양이가 지나가서, 매우 불길한 예감을 느꼈다.
道 길　歩く 걷다　猫 고양이　通る 지나가다　予感 예감　覚える 기억하다, 느끼다　不服 불복　不審だ 수상하다　不当だ 부당하다

key point

「不吉な未来:불길한 미래」「不吉な噂:불길한 소문」「不吉な匂い:불길한 냄새」 등도 알아두자.

(14) 3 勇敢だ 용감하다

범인을 뒤쫓아 현행범을 체포한 용감한 시민이 있었다.

犯人 범인　追いかける 뒤쫓다　現行犯 현행범　逮捕 체포
市民 시민　優位だ 우위에 있다　活発だ 활발하다　神聖だ 신성하다

key point

「勇ましい:용감하다」와 같은 의미이다. 「勇ましく:용감하게」와 같은 표현으로 「勇敢に」도 함께 알아두자.

(15) 3 巧妙だ 교묘하다

도둑은 교묘한 수법으로 민가에 침입했다.

手口 수법　民家 민가　侵入 침입　好調 호조　高騰 고등, 비등　窮屈だ 사이즈다 작다, 비좁다, 갑갑하다

key point

「巧みだ:교묘하다」와 같은 의미이다. 「巧妙な嘘:교묘한 거짓말」 「巧妙な仕掛け:교묘한 시스템」 등으로 쓰인다.

(16) 4 誠実だ 성실하다

역시 결혼상대는 성실한 사람이 좋다고 하는 여성이 많다.

結婚 결혼　相手 상대　女性 여성　充実だ 충실하다　現実 현실　事実 사실

key point

「真面目だ」 「まめだ」 「まめまめしい」와 같은 의미이다.

(17) 1 本物 진짜

이 상품이 진짜인 것을 증명하는 보증서를 보여드렸습니다.

商品 상품　証明 증명　保証書 보증서　本当 진짜　実物 실물　本音 본심

key point

가짜는 「偽物」라고 하며, 「偽造品:위조품」 「グッズ:상품」이라는 단어도 연계해서 암기하도록 하자.

(18) 2 趣味 취미

뜨개질은 취미와 실익을 겸하고 있습니다.

編み物 뜨개질　実益 실익　兼ねる 겸하다　人気 인기　関心 관심　興味 흥미

key point

단어 자체는 어렵지 않다. 「趣:멋, 풍류」의 의미와 한자 읽기를 알아두자.

(19) 1 夢中だ ~에 빠져 있다

그녀는 프랑스어 공부에 빠져 있다.

救命 구명　最中 한창~중　努力 노력

key point

항상 「~に夢中だ」로 사용하며, 「最中」는 「명사+の+最中」 「동사현재진행형+最中」로 사용한다.

(20) 3 実例 실례

그 설을 실례를 들어서 설명해라.

説 설　挙げる 예를 들다　説明 설명　実利 실리　実物 실물　実技 실기

key point

「실질적인 예」라는 의미이다. 「失礼:실례」와 헷갈리지 않도록 하자.

(21) 1 安定 안정

안정된 날씨가 한 달 동안 계속되었다.

天候 날씨　続く 계속되다　安易だ 안이하다　安全だ 안전하다　安心だ 안심하다

key point

「安静:안정」은 「마음과 몸이 차분한 상태」를 나타내는 것이므로 「安定」와 구분하도록 하자.

(22) 2 交代 교대

다음 달부터 교대로 아침에 청소하기로 했다.

掃除 청소　交渉 교섭　交換 교환　交替 교체

key point

「交代」는 「교체」라는 의미도 있다. 그리고 한자 읽기에서 「代」는 「交代」 「新陳代謝」를 제외하고는 전부 「だい」로 읽는다.

(23) 2 正体 정체

까닥까닥하는 소리의 정체는 뭘까?

音 소리　正直 정직　状態 상태　態勢 태세

key point

그 외의 예문으로 「その恐るべき正体:그 놀랄만한 정체」 「正体を探る:정체를 찾다」 「正体を巡って:정체를 둘러싸고」도 알아두자.

(24) 2
過程 과정

포장과정에서 무언가 착오가 있었던 것 같다.

包装 포장　手違い 착각　仮定 가정　課程 과정　課題 과제

key point

「過程」은 「일이나 상태가 진행하는 경로」를 나타내고, 「仮定」은 「사실이, 또는 불확실한 사실이 사실인 것으로 임시로 정하여지

는 것」이라는 의미이며, 「課程」은 「해야 할 일의 정도」를 나타내는데, 주로 「공부와 관련된 것(석사과정, 박사과정)」으로 사용된다.

(25) 4 経由 경유
불교는 조선을 경유해서 일본으로 전해졌다.
仏教 불교　朝鮮 조선　伝わる 전해지다　経過 경과　経理 경리　由来 유래

key point
「무언가를 거치다」는 의미인데, 「経る:거치다」와 같이 암기하도록 하자.

(26) 3 用心 조심
도로가 얼어있어서 넘어지지 않도록 조심해라.
道路 도로　凍る 얼다　転ぶ 넘어지다　用途 용도　用意 준비　用事 볼일

key point
한자 그대로 읽으면 한국어에 없는 표현이다. 「火の用心:불조심」도 암기하도록 하자.

(27) 2 順調 순조
순조롭게 진행되고 있었던 일이 거래처에 의해 중지되어 버렸다.
進む 진행되다　取引先 거래처　純粋 순수　好評 호평　評判 평판

key point
「順調な動き:순조로운 움직임」「順調な回復:순조로운 회복」「順調な調整:순조로운 조정」 등으로 출제된다.

(28) 2 方角 방위, 방향
역은 반대방향에 있습니다.
反対 반대　方針 방침　一方 한편　方言 방언

key point
한자 그대로 읽으면 한국어에 없는 표현이다. 같은 의미로 「方向」이 있고, 「方向音痴:길치-길을 잘 익히지 못하는 사람」도 같이 암기하자.

(29) 4 事情 사정
어쩔 수 없는 사정으로 안 가기로 했다.
やむを得ぬ 어쩔 수 없는　情報 정보　感情 감정　友情 우정

key point
「金融事情:금융사정」「電力事情:전력사정」처럼 주로, 명사와 붙어서 많이 출제된다.

(30) 3 廃止 폐지
여성에게 불리한 법률은 폐지해야만 한다.
女性 여성　不利 불리　法律 법률　禁止 금지　閉鎖 폐쇄　廃棄 폐기

key point
「廃」가 들어가는 명사 중, 「撤廃:철폐」「荒廃:황폐」도 시험에 자주 출제된다.

(31) 1 依頼 의뢰
물건은 의뢰한 대로 항공편으로 보냈다.
品物 물건　航空便 항공편　送る 보내다　信頼 신뢰　依然 여전히　信条 신조

key point
「依」가 들어가는 명사 중에서, N1에서 다루는 명사는, 위의 단어와 「依存:의존」「依然:여전히」만 알고 있으면 된다.

(32) 3 日常 일상
오늘날의 일본에서는 교통사고는 일상다반사이다.
交通事故 교통사고　茶飯事 다반사　常識 상식　非常 비상　通常 통상

key point
「日々:나날」「日にち:날짜」「日付:날짜」도 같이 암기하자.

(33) 3 組織 조직
이 그림은 우리들 협회의 조직을 나타낸 것입니다.
図 그림　我々 우리들　協会 협회　示す 나타내다　番組 프로그램　番付 순위표　組合 조합

key point
「織」이 들어가는 한자 중, 「織物:직물」은 한자 읽기 파트에서 자주 출제된다.

(34) 1 密接だ 밀접하다
수요와 공급은 밀접한 관계를 가지고 있다.
需要 수요　供給 공급　関係 관계　密度 밀도　厳密だ 엄밀하다　過密 과밀

key point
그 외의 예문으로 「密接な関わり:밀접한 관련」「密接な:つながり:밀접한 연결」「密接な連帯:밀접한 연대」 등도 알아두자.

(35) 4 山積 산적
정리하지 않은 서류가 책상 위에 산적되어 있다.
未整理 미 정리　書類 서류　集積 집적　業績 업적　功績 공적

key point
「積」이 들어가는 명사 중, 「蓄積:축적」「容積:용적」「面積:면적」도 같이 암기하자.

(36) 1 欠乏 결핍

비료의 결핍으로 수확이 오르지 않았다.

肥料 비료　収穫 수확　貧乏だ 가난하다　貧弱 빈약　窮屈
だ 좁다, 어색하다

key point

「乏」은 한자 읽기 파트에서도 자주 출제되는데, 「窮乏:궁핍함,
비좁음」을 알아두자.

(37) 4 特殊だ 특수하다

이 장치는 특수한 목적으로 만들어졌다.

仕掛け 시스템, 장치　目的 목적　作る 만들다　特定 특정
特徴 특징　特色 특색

key point

「殊」가 사용되는 N1 명사는 「特殊」뿐이다.

(38) 2 修復 수리

오래된 건축물을 수리했다.

建築物 건축물　研修 연수　修辞 수사, 말이나 글을 다듬고 꾸
밈　編集 편집

key point

「修復」는 한국어에 없는 표현으로서 같은 의미로 「修理」「修
繕」「修治」가 있다.

(39) 2 症状 증상

이것은 갱년기 장애의 증상 개선에 잘 듣는 약입니다.

更年期 갱년기　障害 장애　改善 개선　効く 효능이 있다
薬 약　現状 현 상황　状態 상태　状況 상황

key point

「発症:발증」은 「병이 생기다」는 의미이다. 동물의 「発情:발정」
과 구분해야 한다.

(40) 4 記録 기록

마을이 얼마만큼의 수해를 입었는가는 기록되어 있지 않다.

村 마을　水害 수해　筆記 필기　記号 기호　登記 등기

key point

「録」이 들어가는 명사 중, 「登録:등록」「目録:목록」「収録:수
록」도 같이 암기하자.

(41) 2 怠慢 태만

그는 업무태만으로 직업을 잃었다.

業務 업무　職 직업　失う 잃다　怠業 태업　浪漫 낭만　散
漫 산만

key point

「慢」이 들어가는 명사 중, 「自慢:자랑」「高慢:자만」도 같이 암기
하자.

(42) 2 無地 무늬가 없음

갈색의 무늬가 없는 커튼이 걸려 있었다.

茶色 갈색　無限 무한　無用 무용　無理 무리

key point

「縞模様:줄무늬」「花柄:꽃무늬」「横縞:가로 줄무늬」도 같아 알
아두자.

(43) 4 有益だ 유익하다

해외여행은 유익한 경험이었습니다.

海外 해외　旅行 여행　経験 경험　有利 유리　有機 유기
有無 유무

key point

그 외의 예문으로 「有益な情報:유익한 정보」「有益なツール:
유익한 도구」「有益な旅行:유익한 여행」 등이 있다.

(44) 4 特技 특기

그의 특기는 물구나무서서 걷는 것이다.

逆立ち 물구나무　歩く 걷다　特産 특산　特別 특별　特権
특권

key point

「得意だ:잘하다」「長所:장점」「短所:단점」도 같이 알아두자.

(45) 3 公正 공정

공정을 기하기 위해 기명투표로 했다.

期する 기하다　記名 기명　投票 투표　公共 공공　公式 공
식　公平 공평

key point

「公正」은 「공평하고 올바름」이라는 의미이고, 「公平」은 「어느
한쪽에 치우치지 않고 고름」이라는 의미이다.

(46) 1 危害 위해

미생물에 의한 위해가 종래보다 더 심각해졌다.

微生物 미생물　従来 종래　~にもまして ~보다 더　深刻だ
심각하다　災害 재해　障害 장해　迫害 박해

key point

「害」가 들어가는 명사 중, 「加害:가해」「損害:손해」「公害:공
해」도 같이 암기하자.

(47) 4 相当 상당

그는 수입에 상당한(걸맞은) 집에 살고 있다.

収入 수입　住む 살다　適当だ 적당하다　適度だ 적당하다
担当 담당

key point

「一万円相当の商品券:만 엔 상당의 상품권」이라는 표현도 같
이 알아두자.

(48) 2 交互 상호, 서로

자매는 서로 아버지의 간호를 했다.

姉妹 자매　父親 아버지　看護 간호　交番 파출소　交際 교제　交換 교환

key point

같은 표현으로 「お互い」가 있으며, 「お互い様:피차일반」이라는 단어도 같이 암기하자.

(49) 3 確率 확률

그가 성공할 확률은 거의 없다.

成功 성공　確定 확정　明確だ 명확하다　確信 확신

key point

「率」은 한국어 음이 「률」이면 음독이 「りつ」이지만, 「솔」이면 「そつ」가 되는데, 예를 들면 「引率:인솔」 「率先:솔선」이 있다.

(50) 2 中途 중도

중도해약을 위해 보험회사에 내용증명을 보냈다.

解約 해약　保険 보험　内容 내용　証明 증명　送る 보내다　中古 중고　中継 중계　中年 중년

key point

「中途半端=半端:어정쩡함」와 같이 암기하도록 하자.

(51) 1 自慢 자랑

그는 미인인 딸을 자랑하고 있다.

美人 미인　娘 딸　自身 자신　自給 자급　自足 자족

key point

「自慢」을 「자만」으로 해석하면 정답을 찾을 수 없다. 그리고 「自慢」은 명사이며, 형용동사가 아니라는 것에 주의하자.

(52) 1 間隔 간격

벽과 벽 사이는 적어도 5미터의 간격을 원한다.

壁 벽　間 사이　欲しい 원하다　格差 격차　隔離 격리　差別 차별

key point

「隔たる:떨어지다, 멀어지다」도 같이 알아두자.

(53) 2 通行 통행

주차 중인 차가 보행자의 통행을 방해하고 있다.

駐車中 주차 중　歩行者 보행자　妨げる 방해하다　通勤 통근　通過 통과　通知 통지

key point

「通行止め:통행금지」와 「行き詰まり:길 막힘」도 같이 암기하자.

(54) 2 休養 휴양

자네는 매우 피곤한 거 같으니 충분한 휴양이 필요하다.

疲れる 피곤하다　十分だ 충분하다　必要 필요　休業 휴업　休講 휴강　休耕 휴경(경작을 쉬는 것)

key point

「休養」은 「편안히 쉬면서, 지치거나 병든 몸과 마음을 회복하고 활력을 되찾음」이라는 의미이다.

(55) 3 援助 원조

아프리카 모든 나라에 경제 원조를 했다.

諸国 모든 나라　経済 경제　与える 주다　救助 구조　助手 조수　助力 조력

key point

「援護:원호」 「後援:후원」 「支援:지원」도 같이 암기하자.

(56) 3 敷地 부지

신 공장은 본사 부지 내에 건설했다.

新工場 새로운 공장　本社 본사　建設 건설　基地 기지　敷居 문지방　団地 단지

key point

「敷居が高い 문턱이 높다, (면목이 없어) 찾아가기 거북하다」 「敷居をまたぐ:그 집에 드나들다」도 같이 알아주다.

(57) 1 災難 재난

삼림이 파괴되면 재난을 초래할지도 모른다.

森林 삼림　破壊 파괴　招く 초대하다, 초래하다　苦難 고난　困難 곤란　至難 지극히 어려움

key point

「災害:재해」 「震災:지진으로 인한 피해」 「被害:피해」도 같이 암기하자.

(58) 3 健全だ 건전하다

어린이용의 건전한 텔레비전 프로그램이 적어졌다.

~向け ~용　番組 프로그램　建設 건설　健在だ 건재하다　封建 봉건

key point

「健全な精神:건전한 정신」 「健全な肉体:건전한 육체」 「健全な育成:건전한 육성」이 시험에 자주 출제된다.

(59) 4 苦情 불평, 불만

공장의 소음에 대해서 부근의 주민은 불만을 호소했다.

工場 공장　騒音 소음　付近 부근　住民 주민　訴える 호소하다　苦労 고생　苦悩 고역　苦脳 고뇌

key point

「苦情」은 「不満:불만」과 같은 의미이다.

(60) 4 改正 개정

전문가에게 들어 교통법규를 개정했다.

専門家 전문가　交通 교통　法規 법규　改良 개량　改造 개조　改善 개선

key point

「改正」은 「부당한 점이나 미비한 점을 고치는 것」이고, 「改良」은 「나쁜 점을 좋게 하는 것」을 나타내는데, 「改善」과 같은 의미로 사용된다.

(61) 4 見物 구경

군중은 그들의 싸움을 구경하고 있었다.

群衆 군중　見解 견해　見当 어림짐작　見習 견습(생)

key point

구경꾼은 「見物客」라고 하며, 견습생은 「見習生」이라고 하지 않고, 「見習」라고 하는 것에 주의하자.

(62) 2 免除 면제

수입한 것은 전부 세금을 면제받았다.

輸入 수입　全部 전부　税金 세금　削除 삭제　解除 해제　除去 제거

key point

「除」의 음독을 묻는 문제가 자주 출제된다. 보기에 있는 단어 외에 「除外:제외」 「控除:공제」도 알아두자.

(63) 2 懲戒 징계

정부는 공무원의 불법파업의 지도자를 징계 처분했다.

政府 정부　公務員 공무원　不法 불법　指導者 지도자　処分 처분　警戒 경계　懲候 징후　懲役 징역

key point

「懲」과 비슷한 한자로서 「徴」가 있는데, 쓰임으로, 「特徴:특징」 「象徴:상징」 등이 있다.

(64) 2 出現 출현

국적불명의 잠수함이 앞 바다에 출현했다.

国籍 국적　不明 불명　潜水艦 잠수함　沖 앞 바다　出身 출신　出席 출석　出頭 출두

key point

「出現」은 「숨어있는 것이나 보이지 않았던 것이 모습을 나타내는 것」이고, 「出頭」는 「본인이 그 장소에 향하는 것」이다.

(65) 4 案外 의외

저번 달의 이익은 의외로 적다.

先月 저번 달　利益 이익　案内 안내　不安 불안　提案 제안

key point

음을 그대로 읽으면, 한국어에 없는 표현으로서 「예상과 사태가 어긋난 것」을 나타내며, 「意外:의외」는 「생각했던 것과 실태가 매우 다른 것이나 예상할 수 없었던 것」을 나타낸다.

(66) 3 効率 효율

효율 있게 돈을 벌기 위한 좋은 정보를 제공하겠습니다.

稼ぐ 벌다　情報 정보　提供 제공　効果 효과　効能 효능　効力 효력

key point

「効率」은 주로 「効率よく」라고 시험에 출제된다. 그 외에 「効率性:효율성」도 함께 알아두자.

(67) 3 観測 관측

주가는 계속 내려갈 것이라고 전문가는 관측하고 있다.

株価 주가　下がる 내려가다　동사기본형+一方だ ~하기만 한다　専門家 전문가　観察 관찰　観光 관광　観念 관념

key point

「測」이 들어가는 다른 명사는, 「計測:계측」 「推測:추측」 「測定:측정」 등이 있다.

(68) 1 手数 수고

매우 수고를 끼쳐서 죄송합니다.

大変 매우　申し訳ない 죄송하다　手際 솜씨　手品 마술　手軽だ 손쉽다, 간편하다

key point

「手数」는 「手数をかける」 외에는 시험에 출제되지 않는다. 그 외에 「手本:본보기, 모범」 「手口:수법」도 같이 알아두자.

(69) 2 番付 순위표

집계한 각 현 별의 인구수의 순위표를 이 표에 공개하고 있습니다.

集計 집계　各 각　別 별　人口数 인구수　表 표　公開 공개　番組 프로그램　組織 조직　組立 조립

key point

음을 그대로 읽으면, 한국어에 없는 표현이다. 그 외에 「番犬:집을 지키는 개」 「番台:(목욕탕 등의) 카운터」도 알아두자.

(70) 1 起源 기원

이 풍습의 기원은 15세기로 거슬러 올라간다.

風習 풍습　世紀 세기　さかのぼる 거슬러 올라가다　源泉 원천　元値 원가　根源 근원

key point

「源:기원, 근원」는, 파트1　파트3에서 자주 출제되는 단어이다.

(71) 2 限界 한계

그의 체력은 한계에 달했나.

体力 체력　達する 달하다　期限 기한　限定 한정　限度 한도

key point

「限」의 음독을 묻는 문제가 자주 출제된다. 보기의 단어 외에, 「制限:제한」「極限:극한」「最低限:최저한」등도 같이 알아두자.

(72) 2 厳重だ 엄중하다

그와 같은 범죄는 엄중하게 처벌해야 한다.

犯罪 범죄　処罰 처벌　厳禁 엄금　厳格だ 엄격하다　荘厳だ 장엄하다

key point

그 외의 예문으로 「厳重に抗議する:엄중히 항의하다」「厳重な監視:엄중한 감시」「厳重に取り締まる:엄중하게 단속하다」등이 있다.

(73) 4 返済 변제

채무자에게 빌려준 돈의 변제를 청구했다.

債務者 채무자　貸す 빌려주다　請求 청구　返却 반납　返還 반환　返事 답변, 대답

key point

「返済」는 「돈을 갚는 것」이고, 「返却」은 「물건을 기한(시간) 내에 돌려주는 것」을 의미한다.

(74) 2 車輪 차 바퀴

모두 차 바퀴에 깔려 죽었다.

下敷き 밑에 깔림　死ぬ 죽다　車掌 차장　車庫 차고　汽車 기차

key point

「輪」이 들어가는 그 외의 명사는 「競輪:경륜」「輪:원」「輪郭:윤곽」등이 있다.

(75) 3 弁償 변상

아이가 자동차를 고장 내었으니 변상해야만 한다.

自動車 자동차　壊す 부수다, 고장을 내다　弁解 변명　弁当 도시락　弁護 변호

key point

「償」이 들어가는 그 외의 명사는 「賠償:배상」「補償:보상」「無償:무상-보수가 없음」등이 있다.

(76) 3 感心 감동

그들은 완전히 감동해서 체조선수의 묘기를 바라보고 있었다.

体操 체조　選手 선수　妙技 묘기　眺める 바라보다　感情 감정　感想 감상　感覚 감각

key point

음을 그대로 읽으면, 한국어에 없는 표현이다. 그 외에 「感応:감응」「感懐:감회」「感無量:감개무량」도 알아두자.

(77) 4 異動 이동

이번의 인사이동으로 그는 큐슈로 전근하게 되었다.

今回 이번　九州 큐슈　転勤 전근　移動 이동　稼働 가동　騒動 소동

key point

「異動」은 「인사적인 이동」을 나타내며, 「移動」은 「위치이동」을 나타낸다.

(78) 3 架空 가공

소설 속의 주인공은 가공의 인물이다.

小説 소설　主人公 주인공　人物 인물　空想 공상　真空 진공　上空 상공

key point

「架空」은 「근거가 없는 것, 사실에 바탕을 두지 않고 상상에 의해서 만들어 내는 것」을 의미하며, 「加工:가공」은 「원료나 소재에 손을 가해서 새로운 물건을 만드는 것」을 의미한다.

(79) 3 想像 상상

상상도 할 수 없는 궁지에 빠졌다.

窮地 궁지　追い込む 몰아넣다　発想 발상　構想 구상　感想 감상

key point

「想像がつかない:상상이 가지 않는다」「見当がつかない:짐작이 가지 않는다」도 같이 알아두자.

(80) 4 束縛 속박

이 나라의 국민인 한, 국가의 법률에 속박된다.

国民 국민　限り 한　法律 법률　制約 제약　規制 규제　制度 제도

key point

그 외의 표현으로 「自由を束縛する:자유를 속박하다」「時間に束縛される:시간에 속박되다」「仕事に束縛されている:일에 속박 받고 있다」등이 있다.

(81) 2 干渉 간섭

어떤 나라가 우리나라의 외교정책에 간섭하려고 했다.

我が国 우리나라　外交 외교　政策 정책　交渉 교섭　説得 설득　納得 납득

key point

그 외의 표현으로 「政府の干渉:정부의 간섭」「干渉されるのは嫌だ:간섭 받는 것은 싫다」「仕事に干渉する:일에 간섭하다」등이 있다.

(82) 4 引用 인용

이 책은 다른 작품으로부터의 인용이 많다.

他 다른　作品 작품　引退 은퇴　引力 인력　強引 억지로

key point

「引」이 들어가는 그 외의 명사 「引喩:인유-다른 예를 끌어다가 비유함」「牽引:견인」「索引:색인」도 암기하자.

(83) 1 説得 설득

나는 딸에게 이혼하지 않도록 설득했다.

娘 딸　離婚 이혼　演説 연설　説教 설교　説明 설명

key point

「説」이 들어가는 그 외의 명사 「憶説:억설-억지 주장」「逆説:역설」「俗説:속설」도 암기하자.

(84) 1 冷静だ 냉정하다

위기에 직면해도 냉정을 유지하는 것은 중요하다.

危機 위기　保つ 유지하다　重要 중요　冷淡だ 냉담하다　冷房 냉방　冷凍 냉동

key point

그 외의 표현으로 「冷静さを取り戻した:냉정함을 되찾았다」「冷静を装った:냉정한 척 했다」 등이 있다.

(85) 2 抽選 추첨

추첨으로 100미터의 경주 순번을 결정했다.

競走 경주　順番 순번　決める 정하다　選挙 선거　選考 선고, 서류심사　厳選 엄선

key point

「推薦:추천」과 구분해서 암기해야 한다. 그리고 「抽出:추출」「抽象:추상」도 암기하다.

(86) 3 現象 현상

이번 사건은 금전만능의 풍조가 낳은 현상이다.

今度 이번　事件 사건　万能 만능　時世 풍조　生む 낳다　抽象 추상　推理 추리　想像 상상

key point

「現象」은 「인간이 지각할 수 있는 모든 일」을 의미하며, 「現像:현상」은 「사진현상」 「어떠한 것이 어떤 형태를 띄고 나타나는 것」을 의미한다.

(87) 3 発明 발명

필요는 발명의 어머니라고 일컬어지고 있다.

必要 필요　発見 발견　発想 발상　発起 발기

key point

「発明」은 「지금까지 없었던 것을 새롭게 생각해 내는 것」을 의미하며, 「発見」은 「아직 알려지지 않았던 것을 찾아내는 것」 「모르

는 존재를 찾아내는 것」을 의미한다.

(88) 1 莫大だ 막대하다

회사의 부도는 우리들에게 있어서 막대한 손실이다.

不渡り 부도　我々 우리들　損失 손실　雄大だ 웅대하다　壮大だ 장대하다, 웅대하다　最大 최대

key point

그 외의 표현으로 「莫大な被害:막대한 피해」「莫大な遺産:막대한 유산」「莫大な金額:막대한 금액」 등이 있다.

(89) 2 印象 인상

그의 마지막 말이 강렬하게 인상에 남아있다.

最後 최후　強烈だ 강렬하다　残る 남다　現象 현상　抽象 추상　象徴 상징

key point

첫인상은 「第一印象」라고 하며, 「初印象」라고는 하지 않는다.

(90) 4 慎重だ 신중하다

대부분의 화학약품은 신중하게 취급하지 않으면 위험하다.

化学 화학　薬品 약품　扱う 취급하다　危険 위험　自重 자중　貴重だ 귀중하다　尊重 존중

key point

그 외의 표현으로 「慎重を要する:신중을 요하다」「慎重に計画を練った:신중하게 계획을 짰다」「慎重に振る舞う:신중하게 행동하다」 등이 있다.

(91) 1 シック(chic) 멋진(세련된)모양

그녀의 멋진 드레스에 모두 넋이 나갔다.

目を奪う 현혹하다　フロント(front) 프런트, 야구경영　ユニーク(unique) 유니크, 독특　ビル(bill) 빌, 계산서

key point

그 외의 예문으로, 「シックに着こなしている:세련되고 맵시 있게 입고 있다」이다.

(92) 3 コレクション(collection) 컬렉션(수집품), 수집

중학교 때부터 우표 수집을 하고 있다.

切手 우표　ライター(writer) 저자, 집필자　メディア(media) 미디어　ブラシ(brush) 브러시, 솔

key point

그 외의 예문으로, 「蝶のコレクションが開かれた:나비 컬렉션이 개최되었다」이다.

(93) 4 コック(cook) 요리사

저 가게는 조리장이 직접 손님 앞에서 요리를 해 준다.

直接 직접　料理 요리　ファスナー(fastener) 지퍼　マッ

チ(match) 성냥　キャプテン(captain) 주장, 책임자

key point

그 외의 예문으로,「このレストランのコックはフランスで留学<small>りゅうがく</small>したそうだ:이 레스토랑의 요리사는 프랑스에서 유학했다고 한다」이다.

(94) 2 ガレージ(garage) 차고

차가 두 대 들어가는 차고가 딸린 집을 원한다.

台<small>だい</small> 대　ハンガー(hanger) 행거, 옷걸이　ポンプ(pump) 펌프　マスコミ(mass communication의 약어) 매스컴

key point

그 외의 예문으로,「ガレージのドアは自動<small>じどう</small>に開閉<small>かいへい</small>できる:차고의 문은 자동으로 개폐할 수 있다」이다.

(95) 1 インセンティブ(incentive) 인센티브, 장려금

우리 회사는 열심히 하려고 해도 아무런 인센티브가 없어서 말이야.

頑張<small>がんば</small>る 열심히 하다　ソリューション(solution) 솔루션, 해결책　コミッション(commission) 커미션, 수수료　オプション(option) 선택(권)

key point

그 외의 예문으로,「少<small>すこ</small>しでもインセンティブがあったほうがいいよ:조금이라도 인센티브가 있는 편이 좋다」이다.

(96) 2 ニッチ(niche) 틈새

틈새산업이라는 것은, 소비자로부터의 요구는 있지만, 지금까지 그것에 대한 공급이 없었던 시장을 겨냥한 산업을 말합니다.

産業<small>さんぎょう</small> 산업　消費者<small>しょうひしゃ</small> 소비자　ニーズ(needs) 요구　供給<small>きょうきゅう</small> 공급　市場<small>しじょう</small> 시장　狙<small>ねら</small>う 겨냥하다　シミュレーション(simulation) 시뮬레이션, 모의 실험　カルト(cult) 컬트, 예배, 의식, 숭배　デジャビュ(déjà vu) 데자뷰, 처음 보는 것인데도 전에 본적이 있는 것

key point

그 외의 예문으로,「最近<small>さいきん</small>はニッチ市場<small>しじょう</small>を狙<small>ねら</small>う企業<small>きぎょう</small>が増<small>ふ</small>えている:최근에는 틈새시장을 노리는 기업이 늘고 있다」이다.

(97) 3 シェア(share) 시장 점유율

세계 시장 점유율 최고의 일본기업은 많이 있습니다.

世界<small>せかい</small> 세계　企業<small>きぎょう</small> 기업　キープ(keep) 골의 방어・수비　ストック(stock) 재고　チャージ(charge) 충전

key point

그 외의 예문으로,「世界シェアを増<small>ま</small>すために努力<small>どりょく</small>している:세계시장 점유율을 늘리기 위해 노력하고 있다」이다.

(98) 4 オムニバス(omnibus) 옴니버스, 몇 개의 독립된 짧은 이야기를 모아 만든 하나의 작품

연애에 대해서 모은 옴니버스CD가 발매되었다.

恋愛<small>れんあい</small> 연애　集<small>あつ</small>める 모으다　発売<small>はつばい</small> 발매

アーカイブ(archive) 기록 보관소

エスニック(ethnic) 민족, 민족학적

フェミニスト(feminist) 여성 해방론자, 여성 숭배가

key point

그 외의 예문으로,「オムニバスアルバムの発売<small>はつばい</small>が流行<small>はや</small>っている:옴니버스앨범의 발매가 유행하고 있다」이다.

(99) 1 アジェンダ(agenda) 의제

자네들이 세운 의제는, 근본부터 이상하다.

立<small>た</small>てる 세우다　根本<small>こんぽん</small> 근본　パラドックス(paradox) 패러독스, 역설　ヘゲモニー(Hegemonie) 헤게모니, 주도권　レトリック(rhetoric) 수사학, 수사법

key point

그 외의 예문으로,「一緒<small>いっしょ</small>にやっていくプロジェクトは、アジェンダが同<small>おな</small>じである必要<small>ひつよう</small>がある:함께 해 나갈 프로젝트는, 의제가 같을 필요가 있다」이다.

(100) 2 イシュー(issue) 이슈, 논의나 논쟁 따위의 중심이 되는 문제점

상사는 이 문제점의 의미를 잘 모르고 있는 것 같다.

上司<small>じょうし</small> 상사　意味<small>いみ</small> 의미　エリート(élite) 엘리트　リザーブ(reserve) 리저브, 예약함　オンパレード(on parade) 온 퍼레이드, 총출연, 대행진

key point

그 외의 예문으로,「私<small>わたし</small>のことがイシューになるのはいやです:내 일이 문제시되는 것은 싫습니다.」

(101) 4 台無<small>だいな</small>し 엉망진창

나는 커피를 엎질러서 그녀의 새 옷을 엉망으로 해 버렸다.

服<small>ふく</small> 옷　建前<small>たてまえ</small> 원칙, 겉모습　仕上<small>しあ</small>がり 완성　荷造<small>にづく</small>り 포장

key point

그 외의 예문으로,「雨<small>あめ</small>で期待<small>きたい</small>していた遠足<small>えんそく</small>が台無<small>だいな</small>しとなった:비로 기대했던 소풍이 엉망이 되었다」이다.

(102) 3 あやふや 애매함

그는 애매한 태도를 취했었다.

態度<small>たいど</small> 태도　間柄<small>あいだがら</small> 관계　合間<small>あいま</small> 틈, 사이, 짬　跡継<small>あとつ</small>ぎ 상속(자)

key point

그 외의 예문으로,「あやふやな態度<small>たいど</small>にうんざりした:애매한 태도에 질렸다」이다.

(103) 1 ほとり 근처

호수 부근을 혼자서 걸었다.

湖 호수　歩く 걷다　布巾 수건　無邪気 천진난만함　源 근원

key point

그 외의 예문으로, 「少女が川のほとりを歩いていた：소녀가 강가를 걷고 있었다」이다.

(104) 3 人柄 인품

교수의 인품에는 항상 감동하고 있다.

教授 교수　感動 감동　人影 인영, 사람의 모습　日焼け 해에 그을림　人気 인기척

key point

그 외의 예문으로, 「そんなことを言うとは、彼の人柄が怪しい：그런 말을 하다니 그의 인품이 의심스럽다」이다.

(105) 3 とりあつかい 취급

짐은 깨지기 쉬운 것이니 취급에 주의해 주세요.

荷物 짐　割れる 깨지다　동사ます형+やすい ~하기 쉽다　気をつける 주의하다　とりはからい 조치, 처리　とりくみ 대전, 대처, 연구　とりしまり 단속

key point

그 외의 예문으로, 「ガラスはとりあつかいが大変だ：유리는 취급이 힘들다」이다.

(106) 1 あわただしい 조급하다, 분주하다

오늘은 일에 쫓겨 분주한 하루였다.

仕事 일　追われる 쫓기다　うっとうしい 울적하다, 거추장스럽다　くすぐったい 간지럽다, 낯간지럽다　いやらしい 불쾌감이 들다, 추잡하다

key point

그 외의 예문으로, 「会社に入ったばかりであわただしい毎日を過ごしている：회사에 들어간 지 얼마 되지 않아 바쁜 매일을 보내고 있다」이다.

(107) 3 危うい 위태롭다

이 상태라면 성공은 위태롭다.

状態 상태　成功 성공　乏しい 부족하다, 모자라다　脆い 깨지기 쉽다, 여리다　怪しい 의심스럽다

key point

그 외의 예문으로, 「子供が道路の上に危うく立っていた：아이가 도로 위에 위태롭게 서 있었다」이다.

(108) 2 著しい 현저하다, 두드러지다

여름에 한하지 않고, 연간내내 행락객의 수는, 매년 현저한 증가세를 보이고 있다.

夏 여름　年間 연간　〜を通じて ~내내　行楽客 행락객　数 수　年々 매년　増加 증가　あっけない 싱겁다, 어이없다　しつこい 집요하다, 끈덕지다　望ましい 바람직하다, 소망스럽다

key point

그 외의 예문으로, 「日本経済の発展は、かつて例がないほど著しいものであった：일본 경제의 발전은, 일찍이 예가 없을 정도로 두드러진 것이었다」이다.

(109) 3 慣れる 익숙해지다

이 일은 좀처럼 익숙해지지 않는군요.

折れる 접히다, 꺾이다　割れる 깨지다, 부서지다　触れる 닿다, 스치다

key point

그 외의 예문으로, 「慣れない仕事で体調をくずした：익숙하지 않은 일로 몸 상태가 나빠졌다」이다.

(110) 3 またがる 올라타다, 걸터앉다

이 평야는 두 개의 현에 걸쳐있다.

平野 평야　県 현　交える 교차시키다, 맞대다　まごつく 갈팡질팡하다　賄う 꾸리다, 조달하다

key point

그 외의 예문으로, 「子供たちは塀にまたがって柿の実をとった：아이들은 울타리에 걸터앉아 감을 땄다」이다.

(111) 2 とぎれる 왕래가 끊기다, 중단되다

적의 공격은 끊임없이 계속되었다.

敵 적　攻撃 공격　続く 계속되다　遠ざかる 멀어지다, 소원해지다　綴じる 철하다　とぼける 얼빠지다, 시치미를 때다

key point

그 외의 예문으로, 「このあたりは夜になると人通りがとぎれる：이 주변은 밤이 되면 사람의 왕래가 끊겨진다」이다.

(112) 2 葬る 매장하다, 묻다

그는 공동묘지에 매장되었다.

共同 공동　墓地 묘지　惚る 둔해지다, 바래다　綻びる (실밥이)터지다, 웃다　吠える 짖다, 으르렁거리다

key point

그 외의 예문으로, 「遺骨は遺言にしたがって、生家を見下ろす山に葬った：유골은 유언에 따라, 생가를 내려다 보는 산에 묻혔다」이다.

(113) 2 阻む 기가 꺾이다, 방해하다

지역 주민의 강한 반대로 원자력 선의 기항이 저지 당했다.

地元 지역　住民 주민　反対 반대　原子力船 원자력 선　寄

港 기항　はまる 꼭 끼이다, 꼭 들어맞다　ばてる 지치다, 녹초가 되다　腫れる 붓다

key point

그 외의 예문으로,「国会議員たちは法案通過を阻むため、議会をボイコットした:국회의원들은 법안통과를 저지하기 위해, 의회를 보이콧했다」이다.

(114) 1 備える 갖추다, 대비하다

지진에 대비해서 매월 15일에 훈련이 있습니다.

地震 지진　訓練 훈련　構える 차리다, 꾸미다, 자세를 취하다　損なう 파손하다, 상하게 하다　鍛える 단련하다, 연마하다

key point

그 외의 예문으로,「万が一に備えて貯金している:만일에 대비해서 저금하고 있다」이다.

(115) 3 すれる 스치다, 스쳐서 닳다

수 만년에 걸친 돌이 닳아 동그랗게 되었다.

数万年 수 만년　石 돌　丸まる 둥글게 되다　廃れる 쓸모 없게 되다, 쇠퇴하다　据える 설치하다, 고정시키다, 지위에 앉히다　ずれる 빗나가다, 틈이 생기다, 어긋나다

key point

그 외의 예문으로,「かかとがすれて痛い:뒤꿈치가 닳아서 아프다」이다.

(116) 2 取り巻く 둘러싸다, 에워싸다

인기여자배우가 도착하자마자 신문기자들이 에워싸다.

人気 인기　女優 여자배우　到着 도착　동사기본형+や ~하자마자　新聞 신문　記者 기자　取り組む 맞붙다, 몰두하다　取り次ぐ 전하다, 건네주다　取り寄せる 끌어당기다, 배달시키다

key point

그 외의 예문으로,「言葉は空気のようにあなたを取り巻いている:말은 공기처럼 당신을 둘러싸고 있다」이다.

(117) 1 結ぶ 매다, 묶다

그는 대학을 졸업 후, K사와 정사원으로서의 계약을 맺고 일본에 왔습니다.

卒業後 졸업 후　正社員 정사원　契約 계약　来日 일본에 옴　崩す 무너뜨리다　つなぐ 매어두다, 연결하다　壊す 부수다

key point

그 외의 예문으로,「この事件を、昨年の事件と結ぶのは無理がある:이 사건을 작년 사건과 결부시키는 것은 무리가 있다」이다.

(118) 3 解ける (긴장이)풀리다, 끈이 풀리다

신발 끈이 풀려 버렸다.

靴 구두　へりくだる 겸양하다, 자기를 낮추다　抜け出す 빠져나가다, 살짝 도망치다　差し支える 지장이 있다, 지장 주다

key point

그 외의 예문으로,「バースの中で彼女のスカートが解けてみんなから見られた:버스 안에서 그녀의 스커트가 실밥이 터져 모두가 보았다」이다.

(119) 4 あたる 적중하다, 상대하다, 해당하다, 즈음하다

올해 나의 생일은 딱 일요일에 해당된다(일요일이다).

今年 올해　誕生日 생일　至る 다다르다, 이르다, 고루 미치다　湿る 축축해지다, 차지하다, 조르다, 매다　向ける 향하게 하다, 돌리다, 기울이다

key point

그 외의 예문으로,「彼の予想がぴったりあたった:그의 예상이 딱 맞았다」이다.

(120) 4 漂う 떠돌다, 감돌다

조금 긴장된 분위기가 텅 빈 회장에 감돌고 있었습니다.

緊張 긴장　気配 기세, 분위기, 낌새　会場 회장　踏まえる 근거로 삼다, 입각하다　定まる 정해지다, 안정되다　途絶える 두절되다, 왕래가 끊기다

key point

그 외의 예문으로,「花のかおりが教室の中に漂っている:꽃 향기가 교실 안을 감돌고 있다」이다.

(121) 4 萎びる 시들다, 쭈그러지다

가을 중순경에는 마당에는 시든 꽃이 2, 3송이 남아 있을 뿐이었다.

秋 가을　半ば 중순　庭 정원　残る 남다　染みる 배다, 번지다, 아픔을 느끼다　しくじる 실수하다, 해고되다　強いる 억지로 시키다, 강요하다

key point

그 외의 예문으로,「自分の萎びた顔をどうにかしたい:나의 쭈그러진 얼굴을 어떻게든 하고 싶다」이다.

(122) 4 妬む 질투하다, 샘하다

그녀는 그의 행복한 결혼을 질투했다.

幸せだ 행복하다　結婚 결혼　好む 좋아하다　刻む 새기다, 명심하다　凹む 우그러들다, 움푹 들어가다

key point

그 외의 예문으로,「彼はいつも友達の昇進を妬んでいる:그는 항상 친구의 승진을 질투하고 있다」이다.

(123) 1 成し遂げる 이루다, 달성하다

완전범죄를 달성하는 것은 절대 무리이다.

完全 완전　犯罪 범죄　絶対 절대　無理 무리　追い付ける 따라붙다　取り組む 몰두하다　戒める 타이르다, 훈계하다

key point

그 외의 예문으로, 「努力なしでは何事も成し遂げられない:노력 없이는 어떤 일도 달성할 수 없다」이다.

(124) 4 のどかだ 한적하다, 화창하다

부장님은 도시에 지쳐, 한적한 시골에서 생활하고 싶다고 말했다.

部長 부장　都会 도시　疲れる 피곤하다　田舎 시골　暮らす 생활하다　厳かだ 엄숙하다　ややこしい 다소 복잡하다　尊い 소중하다, 귀중하다

key point

그 외의 예문으로, 「のどかな島で一日でも過ごしたい:한적한 섬에서 하루라도 보내고 싶다」이다.

(125) 1 和やかだ 화기애애하다

당사는 화기애애한 분위기의 직장환경 만들기를 소중히 하고 있습니다.

当社 당사　雰囲気 분위기　職場 직장　環境 환경　大切だ 소중하다　儚い 덧없다　月並みだ 평범하다, 진부하다　乏しい 부족하다

key point

그 외의 예문으로, 「二人は和やかな雰囲気で話し合った:두 사람은 화기애애한 분위기에서 대화했다」이다.

(126) 3 きらびやかだ 눈부시게 화려하다

여자 배우는 눈부시게 화려한 하얀 드레스를 입고 있었다.

女優 여자 배우　着る 입다　緩やかだ 느슨하다, 완만하다　むやみだ 함부로 하다, 마구 하다　つぶらだ 동그랗고 귀엽다

key point

그 외의 예문으로, 「きらびやかな舞台で歌ってみるのが夢です:화려한 무대에서 노래해 보는 것이 꿈입니다」이다.

(127) 2 速やかだ 재빠르다

국민은 정부에 재빠른 정책실현을 요구했다.

国民 국민　政府 정부　政策 정책　実現 실현　求める 요구하다　微かだ 희미하다　馴れ馴れしい 친숙하다, 스스럼없다　紛らわしい 헷갈리다

key point

그 외의 예문으로, 「呼吸が止まっていれば速やかな人工呼吸が必要です:호흡이 멈추어 있으면 조속한 인공호흡이 필요합니다」이다.

(128) 1 疎かだ 소홀하다

전화응대가 소홀한 회사는 살아남을 수 없다.

電話 전화　応対 응대　生き残る 살아남다　愚かだ 어리석다　捗々しい 순조롭다　決まり悪い 겸연쩍다

key point

그 외의 예문으로, 「どんなことでも疎かにしてはいけない:어떤 일이라도 소홀히 해서는 안 된다」이다.

(129) 4 かろうじて 겨우

구급대원 덕분으로 겨우 죽음을 면했다.

救急 구급　隊員 대원　死 죽음　まぬがれる 면하다　てんで 아예　ことごとく 전부, 몽땅　よりによって 하필이면

key point

그 외의 예문으로, 「熱病のようなブームも、かろうじて下火になった:열병 같은 붐도, 겨우 시들해졌다.」이다.

(130) 3 つとめて 애써, 힘써

애써 했던 일이 엉망이 되었다.

台無し 엉망이 된 모양　一向に 전혀　かえって 오히려　ひいて 더 나아가

key point

그 외의 예문으로, 「彼は興奮しているのにつとめて平静を装った:그는 흥분했는데, 애써 평정한 척 했다」이다.

(131) 2 すすんで 기꺼이, 자진해서

스스로 자진해서 하는 일은 즐겁겠죠.

自ら 스스로　仕事 일　楽しい 즐겁다　いたって 극히, 매우　まして 하물며　さほど 그다지, 별로

key point

그 외의 예문으로, 「すすんでやったことだから後悔はしない:자진해서 한 일이기 때문에 후회는 하지 않는다」이다.

(132) 3 ひとえに 오로지, 전적으로

내가 회사에 들어갈 수 있었던 것은 오로지 이 책 덕분이라고 생각한다.

会社 회사　さも 자못, 정말로　かりに 가령　むやみに 무턱대고, 함부로

key point

그 외의 예문으로, 「来週試験を控えてひとえに勉強に専念している:다음 주 시험을 앞두고 오로지 공부에 전념하고 있다.」이다.

(133) 1 いかにも 정말로, 참으로

아이들은 정말로 즐거운 듯이 큰 소리를 내며 놀고 있다.

声 목소리　出す 내다　遊ぶ 놀다　かねて 미리, 전부터　じっくり 곰곰이, 차분히　とうとう 드디어

key point

그 외의 예문으로, 「新品はいかにも高くて買おうにも買えない:신제품은 정말로 비싸서 사려고 해도 살 수 없다」이다.

---

(134) 4 おのおの 제각각

저 두 사람은 제 각각의 길을 가기로 했다.

道 길　ずるずる 질질　ぼつぼつ 슬슬, 조금씩　がやがや 와글와글, 왁자지껄

key point

그 외의 예문으로, 「おのおの一つずつ持つことにした:제각각 한 개씩 들기로 했다」이다.

---

(135) 4 きっかり 딱, 정확하게

딱 500엔으로 런치를 먹을 수 있습니다.

びっしょり 몹시 젖은 모양, 흠뻑　だぶだぶ 헐렁헐렁　きっぱり 단호히

key point

그 외의 예문으로, 「彼は予告どおり6時きっかりに現れた: 그는 예고대로 6시 정각에 나타났다.」이다.

---

(136) 2 もろに 정면으로

게임에서 선수가 찬 볼이 아이의 얼굴에 정면으로 부딪혔다.

選手 선수　蹴る 차다　顔 얼굴　こなごなと 산산조각　かつて 예전에　どうにか 그런 대로, 그럭저럭

key point

그 외의 예문으로, 「風をもろに受けて、板がゆがんでしまった:바람을 정면으로 받아서, 널빤지가 일그러져 버렸다」이다.

---

(137) 4 撃滅 격멸

적군의 주력 부대를 격멸했다.

敵軍 적군　主力 주력　部隊 부대　滅亡 멸망　亡命 망명　感激 감격

key point

「撃滅」은 「공격해서 전멸시키는 것」을 의미한다.

---

(138) 1 概要 개요

논문의 개요를 400자 정도로 정리했다.

論文 논문　字 글자　程度 정도　省略 생략　執筆 집필　了解 양해

key point

「概」를 사용하는 다른 명사 「概論:개론」 「概念:개념」 「概要:개요」도 알아두자.

---

(139) 4 感染 감염

아기는 감기에 감염되기 쉽다.

赤ちゃん 아기　風邪 감기　異動 인사이동　異変 이변　変革 변혁

key point

「染」은 한자 읽기 문제에서도 자주 출제되는데, 「伝染:전염」 「汚染:오염」도 알아두자.

---

(140) 2 連覇 연패

봄과 여름의 갑자원에서 연패하는 것이 꿈이었다.

春 봄　夏 여름　夢 꿈　連続 연속　接続 접속　継続 계속

key point

「連覇」는 「경기 등에서 계속해서 우승하는 것」을 의미하며, 「連敗:연패」는 「경기 등에서 계속해서 패하는 것」을 의미한다.

---

(141) 1 掲示 게시

수험자에게 주의사항을 게시했다.

受験者 수험자　注意事項 주의사항　展示 전시　評決 평결　弁解 변명

key point

「示」의 음독을 묻는 문제가 자주 출제되는데, 「指示:지시」 「訓示:훈시」 「表示:표지」도 알아두자.

---

(142) 4 対抗 대항, 맞은 편

맞은 편 차선에서 차가 튀어 나왔다.

車線 차선　飛ぶ 날다, 튀다　変更 변경　追加 추가　進路 진로

key point

「対抗車線」은 한국어에 없는 표현이며, 「対抗」의 단독의 의미는 「서로 맞서는 것」을 의미한다.

---

(143) 2 功績 공적

그의 공적은 모두에게 인정받았다.

認める 인정하다　促進 촉진　山積 산적　催促 재촉

key point

「功」은 「功徳:공덕」 외에 「こう」로 읽는다.

---

(144) 3 柔軟 유연

모든 문제에 유연하게 대응했다.

対応 대응　完成 완성　軟骨 연골　成就 성취

key point

「柔」가 들어가는 명사 「柔順:유순」 「柔弱:유약」도 반드시 암기해야 한다.

(145) 3 加重 과중

재범이어서 형이 과중 되었다.

再犯 재범　刑 형　加速 가속　追越 추월　重複 중복

key point

「かちょう」라고도 읽으며「법률상에서 형을 더욱 무겁게 하는 것」을 의미한다.

(146) 4 放映 방영

3주간 연속으로 SF대작을 방영하겠습니다.

連続 연속　大作 대작　演劇 연극　喜劇 희극　戯曲 희곡

key point

「放映」은「텔레비전에서 영화 등을 방송하는 것」을 의미한다. 그리고「邦画:방화」는「국내 영화」를 의미한다.

(147) 1 就労 취로

정부는 고령자의 취로를 촉진하고 있다.

政府 정부　高齢者 고령자　促進 촉진　組合 조합　職業 직업　業種 직종

key point

「就労」는「취직하는 것」「일을 시작하는 것」을 의미한다.

(148) 2 修行 수행

그는 검의 길을 구명하려고, 산에 틀어 박혀 수행하고 있다.

剣 검　きわめる 구명하다　道 길　こもる 틀어박히다　行事 행사　修繕 수선　善悪 선악

key point

「修行」은「불교의 고행을 경험한다」와「자신을 단련하다」는 의미가 있는데, 예를 들어「彼は弁護士になる修行をした:그는 변호사가 될 수행을 했다」이다.

(149) 1 凝視 응시

주자는 골을 응시했다.

走者 주자　見込み (미래에 대한) 전망　応対 응대　接待 접대

key point

「凝」이 들어가는 명사「凝固:응고」「凝縮:응축」「凝集:응집」도 알아두자.

(150) 4 献上 헌상

황실에 지방의 명산품을 헌상했다.

皇室 황실　土地 땅, 지방　名産 명산품　献立 메뉴　献血 헌혈　極上 극상, 최상

key point

「献上」은「윗사람에게 물건을 상납하다」는 의미 외에,「점수를 빼앗기다」는 의미도 있는데, 예를 들면,「失策で二点を献上し

た:실책으로 2점을 헌상했다」이다.

(151) 3 限定 한정

자격을 경험자로 한정해서 모집했다.

資格 자격　経験者 경험자　募集 모집　限界 한계　勘定 계산　定員 정원

key point

(71)번을 참고로 하자.

(152) 4 投資 투자

주식에 투자를 했지만, 손해를 봐버렸다.

株式 주식　損 손해　投票 투표　融資 융자　金融 금융

key point

「投」가 들어가는 명사「投棄:투기」「投影:투영」「投合(의기)투합」등도 알아두자.

(153) 1 転居 전거, 이사

개축하는 동안, 일시적으로 이사했다.

改築 개축　一時的 일시적　住居 주거　居間 거실　間柄 관계

key point

「転居」는 직역을 하면 한국어에 없는 표현이며,「전학」은「転校」라고 하며, 입주는「入居」라고 한다.

(154) 4 規制 규제

카 퍼레이드를 위해, 교통을 규제했다.

交通 교통　規則 규칙　閨閥 형벌　原則 원칙

key point

「規」가 들어가는 명사「規則:규칙」「法規:법규」「規律:규율」등도 알아두자.

(155) 2 制限 제한

용의자는 행동을 제한 당했었다.

容疑者 용의자　行動 행동　拘束 구속　起訴 기소　訴訟 소송

key point

「制」가 들어가는 명사「制止:제지」「制圧:제압」「制御:제어」등도 알아두자.

(156) 2 貢献 공헌

아들이 우승에 공헌했다고 한다.

息子 아들　優勝 우승　寄付 기부　奇跡 기적　給付 금품을 지급함

key point

「献」이 들어가는 명사「献血:헌혈」「献身:헌신」「献納:헌납」등

도 알아두자.

(157) 3 拠点 거점

도쿄에 거점을 설치했습니다.

設ける 설치하다　転勤 전근　点検 점검　業務 업무

key point

「拠点」은 「활동의 발판이 되는 중요한 지점」이라는 의미이다. 「本拠地:본거지」「証拠:증거」도 같이 알아두자.

(158) 4 名分 명분

명분에 얽매이면 아무것도 할 수 없다.

こだわる 얽매이다　名義 명의　あだ名 별명　宛名 수신인 명

key point

「大義名分:대의명분」의 준말이다.

(159) 2 明朗 명랑

그녀는 명랑한 성격이어서 모두가 좋아하고 있다.

性格 성격　好く 좋아하다　朗読 낭독　解明 해명　明記 명기

key point

「朗らかだ:명랑하다」와 같은 의미이고, 경우에 따라 「明るい」와 같은 표현이 될 수 있다.

(160) 3 連想 연상

역사(씨름 선수)의 모습을 보고 거상을 연상했다.

力士 스모선수　姿 모습　巨像 거상　抽象 추상　推薦 추천　感想 감상

key point

「連想」은 「어떤 것에서, 그것과 관련이 있는 것을 떠올리는 것」이라는 의미이고, 「想像:상상」은 「실제로 경험하지 않은 일을 추측하는 것」이라는 의미이다.

(161) 3 暴落 폭락

주가가 갑자기 폭락했다.

株価 주가　爆撃 폭격　暴動 폭동　落選 낙선

key point

「暴」은 「暴露:폭로」를 제외하고는 전부 「ぼう」로 읽는다.

(162) 4 強引に 억지로, 강제로

부장님이 강제로 술을 마시게 했다.

部長 부장　引率 인솔　索引 색인　強情だ 고집이 세다

key point

「無理矢理に:억지로, 강제로」와 같은 의미이며, 한자 읽기에 주의하자.

(163) 1 探訪 탐방

전국시대의 역사를 탐방했다.

戦国時代 전국시대　歴史 역사　冒険 모험　冒頭 모두, 첫 부분　来訪 내방

key point

「訪」은 「探訪」을 제외하고는 전부 「ほう」로 읽는다.

(164) 2 代弁 대변

그가 그녀를 대변해서 대답했다

答える 대답하다　弁解 변명　雄弁 웅변　弁明 변명

key point

「대변인」은 「代弁人」 혹은 「スポークスマン」이라고 한다.

(165) 3 寛大だ 관대하다

판사는 관대한 판결을 내렸다.

裁判長 판사　判決を下ろす 판결을 내리다　雄大 웅대　寛容 관용　莫大 막대

key point

다른 예문으로 「寛大な処分:관대한 처분」「寛大な措置:관대한 조치」「寛大な配慮:관대한 배려」 등이 있다.

(166) 3 根拠 근거

저런 근거로 없는 소문을 믿다니.

噂 소문　信じる 믿다　根性 근성　根気 끈기　根元 근원, 근본

key point

다른 예문으로 「根拠に基づいた処分:근거에 바탕을 둔 처분」「科学的な根拠のある情報:과학적인 근거가 있는 정보」「根拠のない自信:근거 없는 자신감」 등이 있다.

(167) 4 捜索 수색

검찰관이 집을 수색했다.

検察官 검찰관　操作 조작　造作 수고, 귀찮은 일　索引 색인

key point

「索」이 들어가는 명사 「探索:탐색」「思索:사색」 등도 알아두자.

(168) 1 直径 직경

직경 30센티미터 정도의 파이프로 충분합니다.

充分だ 충분하다　直接 직접　直線 직선　直感 직감

key point

「지름」이라는 의미이며, 「반지름」은 「半径:반경」이라고 한다.

(169) 4 神経 신경

신경을 쓰는 일은 피곤하다.

疲れる 피곤하다　経過 경과　神様 신　経理 경리

key point

「神経過敏:신경과민」「神経を尖らせる:신경을 곤두세우다」「神経に触る:신경에 거슬리다」도 알아두자.

---

(170) 3 会心 회심

그 이야기를 듣고 그는 회심의 미소를 띄웠다.

笑み 미소　浮かべる 띄우다　核心 핵심　真心 진심　気心 속마음, 본심

key point

「会心」은 「기대대로 되어서 만족하는 것」이라는 의미이다.

---

(171) 3 贈呈 증정

졸업식에 기념품을 증정했다.

卒業式 졸업식　記念品 기념품　需要 수요　小売 소매　仕入れ 구입

key point

「進呈:진정」은 「다른 사람에게 물건을 주다」는 의미인데, 「進上:진상」과 같은 의미이다.

---

(172) 2 無謀 무모

저 악천후에 등산을 하다니 무모한 짓을 한 것이야.

荒天 악천후　山登り 등산　無銭 무전　無実 무죄　無念 무념

key point

「無謀」는 「결과에 대해서 깊은 생각이 없다」는 의미로서 「無茶」와 같은 의미이다.

---

(173) 4 優遇 우대

경험이 있는 분은 우대하겠습니다.

経験 경험　優越 우월　偶数 짝수　超越 초월

key point

직역을 하면 한국어에 없는 표현으로서 「優越待遇:우월대우」를 줄여서 쓴 표현이다.

---

(174) 1 素質 소질

그는 음악에 소질이 있다.

音楽 음악　素朴 소박　意義 의의, 의미　犠牲 희생

key point

「すじ」와 같은 표현이다. 그 외에 「気質:기질」「質屋:전당포」「人質:인질」도 같이 알아두자.

---

(175) 4 滞在 체류

수험을 위해 형 집에 2주일 머물렀다.

受験 수험　兄 형　週間 주간　存在 존재　渋滞 정체　存続 존속

---

key point

불법체류는 「不法滞在」라고 한다.

---

(176) 3 工夫 아이디어

좀 더 빨리 완성하는데 뭔가 좋은 아이디어는 없을까?

仕上げる 완성하다　大工 목수　援助 원조　後援 후원

key point

「工夫」는 「궁리함, 생각을 짜냄, 또는 그 방법」이라는 의미를 가지고 있는데 다른 예문으로 「工夫をこらす:생각을 짜내다」이다.

---

(177) 2 計測 계측

스키 점프의 비 거리를 계측했다.

飛距離 비거리　計略 계략　集計 집계　会計 계산, 회계

key point

「計」가 들어가는 명사 「計略:계략」「計量:계량」「集計:집계」 등도 알아두자.

---

(178) 2 創造 창조

그들은 새로운 문화를 창조했다.

文化 문화　創刊 창간　創立 창립　刊行 간행

key point

「想像:상상」과 동음이의어이며, 「天地創造:천지창조」도 알아두자.

---

(179) 2 疎外 소외

거짓말쟁이인 그녀는 동료들로부터 소외되었다.

仲間 동료　疎通 소통　外部 외부　部活 서클활동

key point

「疎」의 음독을 묻는 문제가 자주 출제되며, 「疎かだ:소홀하다」도 같이 알아두자.

---

(180) 4 並行 병행

자동차가 3대씩 나란히 나아갔다.

進む 나아가다　同調 동조　並列 병렬　同伴 동반

key point

「並行して」는 「나란히」라고 해석을 해야 한다. 같은 표현으로 「並んで」가 있다.

---

(181) 2 滞納 체납

저 참의원은 항상 세금을 체납한다.

参議院 참의원　税金 세금　滞在 체재, 체류　納期 납기　期末 기말

key point

「滞」를 사용하는 동사로서 「滞る:밀리다, 정체하다, 지체되다」

도 알아두자.

(182) 3 持参 지참

이력서를 지참하고 내사해 주세요.

履歴書 이력서　来社 내사　参画 계획에 참여함　持続 지속
遺産 유산

key point

「持」가 들어가는 명사「所持:소지」「持分:지분, 자신의 몫」「支持:지지」도 알아두자.

(183) 1 盛装 옷을 차려 입음

사은회에 옷을 차려 입고 나갔다.

謝恩会 사은회　出掛ける 외출하다　繁盛 번성　頻繁 빈번
頻度 빈도

key point

직역을 하면 한국어에 없는 표현이다. 항상「盛装する」하고 하며,「オシャレをする」와 같은 의미이다.

(184) 2 強情だ 고집이 세다

이 아이는 고집이 센 성격으로, 이렇다라고 말해도(혼을 내도) 요지부동이다.

性格 성격　てこでも動かない 요지부동이다　強引 억지로, 강제로　丈夫だ 튼튼하다　頑丈だ 튼튼하다

key point

「情」이 들어가는 명사「情緒:정서」「厚情:후의, 두터운 정」「激情:격정」도 알아두자.

(185) 2 待遇 대우

자네가 우리회사에 와 주면 부장으로서 대우하겠다.

部長 부장　わが社 우리회사　偶然 우연　待機 대기　退出 퇴출

key point

「遇」가 들어가는 명사「境遇:경우」「処遇:처우」「冷遇:냉대, 푸대접」도 알아두자.

(186) 4 対等 대등

두 사람은 대등한 입장에서 서로 이야기했다.

立場 입장　対立 대립　接待 접대　窮屈だ 사이즈가 작다, 비좁다

key point

「等」이 들어가는 명사「同等:동등」「均等:균등」「劣等:열등」도 알아두자.

(187) 3 感想 감상

이 만화를 보고 나서 감상을 들려주세요.

漫画 만화　感心 감동　感賞 감동하여 칭찬함　鑑賞 감상

key point

「感想」은「무엇을 보거나 듣고 난 후의 느낌」이라는 의미이고,「鑑賞」은「주로 예술 작품을 이해하여 즐기고 평가함」이라는 의미이다.

(188) 4 異動 (인사)이동

신년도는 신입사원뿐만 아니라, 인사이동으로 부서가 바뀐 분들도 계실 거라고 생각합니다.

新年度 신년도　新入社員 신입사원　人事 인사　部署 부서
変わる 바뀌다　方々 분들　動揺 동요　転職 전직　移動 이동(위치의 변경)

key point

「異動」은「인사적인 이동」을 나타내며,「移動」은「위치이동」을 나타낸다.

(189) 4 見計らう 보아서 적당한 때를 가늠하다

회사에서 돌아갈 타이밍을 가늠하고 있습니다만, 어떤 타이밍이 최고 좋을까요?

会社 회사　帰る 돌아가다　免れる 면하다　滞る 밀리다, 막히다, 정체되다　廃れる 쓸모 없게 되다

key point

「みはからう」는「물건을 적당히 고르다」는 의미도 있는데, 예문으로,「スーツを彼女が見計らってくれた:정장을 그녀가 골라주었다」이다.

(190) 3 馴れ馴れしい 친숙하다, 스스럼없다

첫 대면에서 스스럼없이 말을 걸어오는 사람은 왠지 의심스럽다.

初対面 첫 대면　会話 대화　怪しい 의심스럽다　神々しい 숭고하다, 거룩하고 성스럽다　きゃしゃだ 가냘프고 맵시 있다, 날씬하다　几帳面だ 꼼꼼하다, 세세하다

key point

그 외의 예문으로,「彼女とは初対面なのに馴れ馴れしい態度で話しかけてきた:그녀와는 첫 만남인데도 매우 친한 태도로 말을 걸어 왔다」이다.

(191) 4 猛練習 맹연습

시합을 앞두고 약 10주일에 이르는 맹연습을 감행했다.

試合 시합　控える 앞두다　約 약　週間 주일　及ぶ 이르다
敢行 감행

key point

그 외에「猛反対:격렬한 반대」「猛レース:맹렬한 레이스」「猛特訓:엄청난 특훈」「猛攻撃:맹렬한 공격」도 알아두자.

(192) 1 超高層 초고층

세계 최고의 초고층빌딩이 두바이에 건설되었다.

世界一 세계 최고　建設 건설

key point

그 외에 「超巨星:초거성-아주 큰 별」「超初心者:완전 초보자」「超簡単:아주 간단함」「超きれい:아주 예쁨」도 알아두자.

(193) 4 素肌 화장하지 않은 피부, 맨 살

맨 살이 깨끗한 사람을 보면 부럽다.

key point

그 외에 「素顔:화장하지 않은 얼굴, 민낯」「素寒貧:완전 빈털터리」「素裸:알몸, 맨몸」「素面:(술에 취하지 않은) 맨송맨송한 얼굴」도 알아두자.

(194) 1 大気圏 대기권

물체가 우주에서 지구의 대기권에 들어올 때에, 대기와의 마찰로 불타버린다고 한다.

物体 물체　宇宙 우주　地球 지구　摩擦 마찰　燃える 불타다

key point

그 외에 「安全圏:안전권」「英語圏:영어권」「磁気圏:자기권」「勢力圏:세력권」도 알아두자.

(195) 2 丸暗記 통째로 암기

자주 선생님께, 수학공부는 통째로 암기는 안 된다고 듣습니다.

数学 수학　勉強 공부

key point

그 외에 「丸見え:통째로 보임」「丸聞こえ:완전히 다 들림」「丸写し:완전 그대로 베낌」「丸一日:완전한 하루」도 알아두자.

(196) 4 再起動 재기동, 재부팅

PC가 재부팅을 반복해서 수리에 맡겼다.

繰り返す 반복　修理 수리

key point

그 외에 「再利用:재활용」「再開発:재개발」「再吟味:재음미」「再結合:재결합」도 알아두자.

(197) 1 不確か 불확실함

불확실한 정보를 마음대로 말하지 마!

情報 정보　勝手だ 제멋대로 이다

key point

그 외에 「不合理:불합리」「不一致:불일치」「不完全:불완전」「不均等:불균등」도 알아두자.

(198) 4 自己中心的 자기중심적

자기중심적인 성격을 고치고 싶다.

性格 성격　直す 고치다

key point

그 외에 「社交的:사교적」「肯定的:긍정적」「保守的:보수적」「決定的:결정적」도 알아두자.

(199) 3 反比例

잔업시간은 상사와의 관계의 절대치에 반비례한다고 한다.

残業 잔업　上司 상사　関係 관계　絶対値 절대치

key point

그 외에 「反作用:반작용」「反強制的:반강제적」「反政府:반정부」「反体制:반체제」도 알아두자.

(200) 2 教育上 교육상

이 책은 교육상에 많은 문제가 있다.

問題 문제

key point

그 외에 「法律上:법률상」「外見上:외견상」「名目上:명목상」「歴史上:역사상」도 알아두자.

🔷 Part 3 (유사어 찾기)

(1) 4 おそう 들이닥치다≒みまう (달갑지 않은 것이) 찾아오다

이 나라는 심각한 식량부족이 엄습했다.

深刻だ 심각하다　食料 식량　不足 부족　おとろえる 쇠퇴하다, 쇠약해지다　くちる 썩다, 허망하게 끝나다　したう 사모하다, 우러르다

key point

「おそう」는 일반적으로 「덮치다」라는 뜻으로 많이 알고 있다. 그래서 「おそわれる」라는 수동형은 「덮쳐지다」라고 해석이 되어 문제에서의 「おそう」의 의미를 파악할 수 있을 것이다. 그리고 「みまう」는 「문안하다」라는 의미로 많이 알고 있을 것이다. 「문안하다」는 것은 「찾아간다」는 의미이므로, 4번이 정답이 된다는 것을 유추할 수 있다. 이처럼 문제를 푸는 감각을 익히면 어려운 문제가 출제되더라도 정답을 찾을 수 있다.

(2) 1 タイムリー 시의 적절함≒好都合 적절함

그가 발언했던 것은 매우 시의 적절했었다.

発言 발언　非常に 매우　こころえ 마음가짐　しつけ 예의범절　建前 원칙, 겉모습

key point

「タイムリー」에서 영어의 「time」을 유추할 수가 있다. 그리고 「都合」는 「상황, 형편」이라는 의미로 알고 있으므로, 여기에

「好」가 접속이 되어 「좋은 상황, 좋은 형편」이라고 생각을 하면 정답을 찾을 수 있을 것이다.

(3) 3 広がる 번지다, 퍼지다≒波及する 파급되다
학자는 식량위기가 번질 우려가 있다고 경고했다.
学者 학자 食料 식량 危機 위기 恐れ 우려 警告 경고 派遣 파견 もたらす 초래하다 ねだる 조르다, 보채다

key point
「広がる」는 알고 있는 단어이지만, 보기 3번의 한자를 읽을 수 있는가 없는가가 이 문제의 정답을 찾는 포인트가 된다. 「波及」은 「어떠한 것의 영향력이 서서히 번져가다」는 의미를 가지고 있다.

(4) 2 ロングセラー 장기간 팔림≒よく売れる 잘 팔리다
식품회사는 롱 셀러 상품을 만들기 위해서 노력하고 있다.
食品 식품 会社 회사 商品 상품 作る 만들다 努力 노력 目玉 주력, 눈동자 格安 가격파괴 かけがえのない 둘도 없다

key point
「ロングセラー」는 「long + seller」라는 일본식 영어이다. 이처럼 「カタカナ」문제가 나올 때는 학습자 스스로가 그 단어가 가진 영어의 의미를 잘 생각해보는 것이 중요하다. 그리고 이 문제는 「ロングセラー」의 영어의 의미를 모르더라도 문장 속에서 그 의미를 파악할 수 있을 것이다.

(5) 1 リピート 반복≒ふたたび 재차
이 시리즈를 매년 반복해서 구입하는 손님도 많은 것 같다.
毎年 매년 購入 구입 適当に 적당히 早々 재빨리 大量 대량

key point
「リピート」는 영어의 「repeat」을 말하는 것이며, 「繰り返すこと:반복하는 것」을 의미한다. 보기 1번의 「再び」의 한자를 알고 있으면 정답을 쉽게 찾을 수 있다.

(6) 4 失敗する 실패하다≒しくじる 실패하다
면접관이 엄청 무서워서 면접을 실패했다.
面接官 면접관 怖い 무섭다 なつく 친해지다, 친숙해서 따르다 ひるがえる 뒤집히다, 바람에 날리다, 태도・주장이 갑자기 바뀌다 まごつく 갈팡질팡하다

key point
이 문제는, 보기에 있는 동사의 의미를 알고 있는지 어떤지를 묻는 문제이다. 그리고 「しくじる」는 「해고되다」는 의미도 있는데, 같은 표현으로 「首になる」이다.

(7) 2 まともだ 제대로 이다≒ろくだ 제대로 이다

남동생은 대학까지 졸업했는데 제대로 된 직업에 취업하지 못했다.
大学 대학 卒業 졸업 職業 직업 就く 취업하다 うつろだ 멍청하다, 얼빠지다, 공허하다 はるかだ 멀리 떨어져 있다, 아득하다 おおげさだ 과장되다

key point
이 문제는 언제든지 출제될 가능성이 상당히 크다. 그리고 「まともに」는 「정면으로, 직접적으로」라는 의미도 있는데, 이 때 같은 표현으로 사용할 수 있는 것은 「もろに」이다.

(8) 3 どこまでも 어디까지나, 끝까지≒とことん 철저히, 끝까지
나는 흥미를 가진 것은 끝까지 한다.
興味 흥미 持つ 가지다, 들다 つきなみだ 평범하다, 진부하다 きまじめだ 고지식하다, 착실하다 とかく 여하튼

key point
보기의 의미를 파악하는 것이 중요하다. 그리고 같은 표현으로 「あくまでも」가 있는데 반드시 알아두어야 한다. 「あくまでも」는 「어디까지나, 끝까지, 철두철미하게」라는 뜻을 가지고 있다.

(9) 4 とがめる 나무라다, 책망하다, 비난하다≒いましめる 훈계하다, 경고하다
아이의 당치 않는 행동을 나무라야만 하는지, 지켜보아만 하는지 고민하고 있다.
とんでもない 당치 않다 行動 행동 見守る 지켜보다 悩む 고민하다 つとまる 직무를 감당해내다 しなびる 시들다, 쭈그러지다 こじれる 악화되다, 뒤틀리다

key point
이 문제는 밑줄 어휘의 의미도 어렵고 보기의 어휘도 어렵다. 이러한 유형의 문제는 학습자들의 어휘력을 묻는 것이므로, 반드시 암기해야 할 필요성이 있다. 같은 표현으로 「叱る」「怒鳴る」가 있다.

(10) 4 にぎわう 번창하다, 번성하다, 북적이다≒繁盛する 번성하다
이 가게는 항상 북적이고 있다.
店 가게 赤字 적자 頻繁だ 빈번하다 復興 부흥

key point
보기의 어휘를 한국어로 해석할 수 있으면, 어렵지 않게 풀 수가 있을 것이다. 같은 표현으로 「盛んだ:번성하다, 활발하다」가 있다.

(11) 2 いきどおり 분노, 화≒いかり 분노
이 영화를 보고 분노를 느끼지 않는 사람이 한 명이라도 있을까?

映画 영화　まとまり 통합, 정리　ひとかげ 사람의 그림자
ねばり 끈기

key point

한자로 「憤り」이다. 그리고 「화를 내다」는 「怒る」이지만, 명사로서는 「怒り」라고 읽는 것에 주의하자.

(12) 3 アプローチ 어프로치, 접근≒接近 접근
이 문제는 역사적인 관점에서 접근하는 편이 좋다.
歴史的 역사적　観点 관점　観察 관찰　気配 기색　接続 접속

key point

「アプローチ」는 영어의 「approach」를 의미한다. 가타카나의 영어의 의미를 모르더라도, 문장 속에서 그 의미를 파악할 수 있을 것이다.

(13) 4 克服する 극복하다≒のりこえる 극복하다
다양한 문제를 극복해서 성공했다.
様々な 다양한　成功 성공　さだめる 결정하다, 가라앉히다
おだてる 치켜 새우다, 부추기다　くつがえす 뒤엎다, 전복시키다

key point

보기에 있는 동사의 의미가 어렵더라도 보기 4번의 「乗り越える」는 반드시 알아두어야 할 표현이다. 보기 2번은 「おだてられる:치켜세워지다」라는 표현으로 출제될 가능성이 높은데, 같은 의미로 「ちやほやされる」가 있다.

(14) 1 ぶつかる 부딪히다≒くいちがう 엇갈리다
부장님과 의견이 부딪혀서 회사를 그만둬 버렸다.
意見 의견　会社 회사　辞める 그만두다　けとばす 걷어차다, 일축하다　たてかえる 대신 값을 치르다　つっぱる 버티다, 고집을 부리다

key point

의견이 부딪힌다는 것은 그 사람과의 의견의 엇갈리다 는 의미이다. 그리고 「勘違い:착각」「すれ違う:스쳐 지나가다, 엇갈리다」도 같이 알아두자.

(15) 2 従事する 종사하다≒たずさわる 관계하다, 종사하다
건강산업에 종사하는 사람이, 담배를 피우고 있다니.
健康 건강　産業 산업　吸う 피우다　となえる 외다, 읊다, 주장하다　ののしる 욕설을 하다, 비난하다　ほうむる 매장하다, 묻다

key point

이 문장에서 「～に従事する」와 같은 표현으로 「～に就いている:~에 취업해 있다」가 있다. 정답의 「たずさわる」의 한자는 「携わる」이다.

(16) 4 コツ 요령≒方法 방법
푹 자고, 다음 날 아침 힘차게 활동하는 요령을 소개하겠습니다.
翌朝 다음 날 아침　活動 활동　紹介 소개　専門家 전문가
玄人 프로, 전문가　起業 기업을 일으킴

key point

「コツ」의 의미를 모르더라도 문장 속에서 그 의미를 파악할 수 있을 것이다. 「要領:요령」이라고 해도 된다.

(17) 1 時世 그 시대의 풍조, 세상≒時代 시대
대학을 선택할 때, 그 대학의 「취직률」을 확인하는 것은 지금은 당연한 시절입니다.
大学 대학　選ぶ 선택하다　際 때　就職率 취직률　確認 확인　今や 바야흐로　当たり前だ 당연하다　祝辞 축사　拝啓 삼가 아룀　推測 추측

key point

「時世」는 「ときよ」라고 읽을 수도 있다. 이 문장에서는 「時世」 대신에 「流れ:흐름」이라고 표현해도 무방하다.

(18) 2 模範 모범≒手本 모범, 본보기
나는 그녀를 모범으로(본보기로) 하고 있습니다.
手際 솜씨　手頃だ 적당하다　手錠 수갑

key point

「手」가 들어가는 명사는 시험에 자주 출제되는데, 그 외에 「手品:마술」「手元:솜씨, 조수, 자기 주위」 등도 알아두자.

(19) 4 おぎなう 보충하다≒まかなう 조달하다
가정교사를 하여 생활비를 보충했다.
家庭教師 가정교사　生活費 생활비　ほろびる 멸망하다, 절멸하다　もてなす 대우하다, 대접하다　よびとめる 불러 세우다

key point

「おぎなう」는 「補う」라는 한자 「補:보」에서 그 의미를 알 수 있을 것이다. 「まかなう」는 「조달하다, 마련하다, 식사를 제공하다」라는 의미를 가지고 있다.

(20) 3 つましい 검소하다≒質素だ 검소하다
검소한 생활이었음에도 불구하고, 그는 그 무렵이 좋았다고 말했다.
暮らし 생활　～にもかかわらず ~에도 불구하고　あの頃 그 무렵　ぜいたくだ 사치스럽다　貧乏だ 가난하다　不審だ 수상하다

key point

「倹しい」라는 한자를 쓰며, 같은 표현으로 「倹約:근검절약」이 있다. 정답의 3번은 한자에서 그 뉘앙스를 알 수 없으므로 반드시 암기하도록 하자.

(21) 3 普遍的 보편적≒一般的 일반적

누구에게도 보편적인 가치관이 있다고 생각한다.

誰 누구　価値観 가치관　自律的 자율적　肯定的 긍정적　否定的 부정적

key point

「普遍的」이라는 것은 「모든 것에 두루 다 미치거나 통하는 것」을 의미하므로, 「일반적」과 같은 의미로 사용될 수 있다.

(22) 4 よしあし 좋고 나쁨≒是非 시시비비

원자력발전의 좋고 나쁨에 대한 국민투표를 행했다.

原発 원자력발전　国民 국민　投票 투표　行う 행하다　美点 좋은 점　長所 장점　懸念 염려

key point

「よしあし」는 한자로 「良し悪し」라고 하는데, 한자 읽기에서도 자주 출제된다. 그리고 「是非」는 「是々非々」의 준말이고, 부사로서 「꼭」이라는 의미도 있다.

(23) 1 失望する 실망하다≒落胆する 낙담하다

그의 무책임한 행동에 실망했다.

無責任 무책임　行動 행동　疑惑 의혹　従属 종속　違算 계획・예산 등의 착오

key point

같은 표현으로 「がっかりする」가 있다. 「茫然自失:망연자실」이라는 표현도 알아두자.

(24) 2 きまりわるい 겸연쩍다≒はずかしい 부끄럽다

아들의 예의가 없음에 겸연쩍었다.

息子 아들　行儀 예의　悪さ 나쁨　とうとい 소중하다, 귀중하다　うっとうしい 울적하다, 거추장스럽다　おびただしい 엄청나다, 심하다

key point

같은 표현으로 「照れくさい」「シャイ(shy)」가 있으며, 부끄럼쟁이는 「照れ屋」「恥ずかしがり屋」라고 한다.

(25) 4 何気ない 아무렇지도 않다≒さりげない 태연하다

신경을 써서 말한 아무렇지도 않은 한마디로 상대를 화를 나게 만들었다.

気を使う 신경을 쓰다　一言 한마디　相手 상대　怒る 화를 내다　なさけない 한심하다, 비참하다　そっけない 무뚝뚝하다, 쌀쌀하다　あっけない 어이없다

key point

「何気ない」는 한자 읽기 파트에서도 자주 출제되며, 의미는 「何とも思わない:뭐라고도 생각하지 않는다」는 의미이다.

(26) 1 手に余る 버겁다≒むずかしい 어렵다

이 문제는 나에게 있어서는 버거운 것이다.

～にしては ～로서는　簡単だ 간단하다　許す 용서하다　適度だ 적당하다

key point

「手に負えない」도 같은 의미이다. 「処置ができない:조치를 할 수 없다」라고도 하며, 경우에 따라서는 「大変だ:힘들다」와 같은 의미가 될 수 있다.

(27) 4 きめる 정하다≒かためる 확고히 하다

정부가 대학의 수업료를 무상화할 방침을 정했다.

政府 정부　大学 대학　授業料 수업료　方針 방침　きしむ 삐걱거리다　かまえる 차리다, 자세를 취하다　さずける 내리다, 하사하다, 전수하다

key point

「決める」와 같은 표현으로 「定める」가 있다. 자동사로서는 「決まる=定まる」가 된다. 어떠한 방침을 정한다는 것은, 그것을 「분명히 하다(확고히 하다)」는 의미가 되는 것이다.

(28) 1 言い回し 표현, 말투≒表現 표현

비즈니스에서는 조그마한 표현에도 경어를 잊지 않도록.

敬語 경어　忘れる 잊다　行儀 예의　気配り 배려　丁寧だ 친절하다, 정중하다

key point

같은 표현으로 「言葉遣い:말투」「口調:어투」가 있다.

(29) 4 まるっきり 완전히, 전혀≒まったく 완전히

자신을 다른 사람과 비교하는 것은 완전히 무의미한 것이다.

他人 타인　比べる 비교하다　無意味 무의미　いっぺんに 한꺼번에　かつて 일찍이, 이전에, 이제껏　さほど 그다지, 별로

key point

「まるっきり」는 「도무지」라는 의미도 있는데, 이 때는 「全然」가 같은 의미가 된다.

(30) 1 はなはだ 심히≒非常に 매우

정부의 정책이 실현될지 어떨지 심히 의문입니다.

政府 정부　政策 정책　実現 실현　疑問 의문　しいて 억지로, 굳이　もっぱら 오로지, 전적으로　どうにか 그럭저럭, 어떻게든

key point

한자로는 「甚だ」고 하며, 「とても:매우」「かなり:상당히」「本当に:정말로」「実に:실로」와 같은 의미가 될 수 있다.

(31) 4 さぞや 아마, 필시≒おそらく 아마

그녀는 필시 옛날에는 미인이었음이 틀림없다.

昔 옛날　美人 미인　〜に違いない ~임이 틀림없다　とっさ
に 순간적으로, 즉시　ひょっと 문득　まして 하물며

key point

같은 표현으로 「きっと」「たぶん」「さぞ」「さぞかし」가 있다.
부사는 문장 속에서 의미를 찾는 문제는 출제되지 않고, 단순히
그 어휘의 의미를 알고 있는지 어떤지를 묻는 문제가 출제된다.

(32) 2 カット 커트≒削減 삭감

매상이 나빠서 연봉을 30% 정도 삭감 당했다.

売上げ 매상　年収 연봉　程度 정도　削除 삭제　承認 승인
了承 양해, 납득

key point

「減る:줄다」「削る:깎다」와 같은 의미이다.

(33) 3 どれも 어느 것이나≒いずれも 어느 것이나 다, 모두

식품의 방사선검사결과, 어느 것이나 기준치 이하였다.

食品 식품　放射線 방사선　検査 검사　結果 결과　基準値
기준치　以下 이하　もはや 이미, 벌써　まさしく 바로, 틀림
없이　とりわけ 그 중에서도, 특히

key point

「いずれ」와 관련된 어휘, 「いずれ:언젠가」「いずれにせよ:어
쨌든, 어쨌든 간에」「いずれともなく:어디론지」는 반드시 암기
해야 한다.

(34) 4 ずれる 어긋나다≒かたむく 기울다

화면의 자막이 조금 어긋나 있어서 보기 힘들었다.

画面 화면　字幕 자막　あざむく 속이다, 기만하다　きりか
える 새것으로 바꾸다　すりむく 찰과상을 입다

key point

「ずれる」는 「어긋나다, 빗나가다」는 의미도 있는데, 같은 표현
으로 「はずれる」「あたらない」가 있다.

(35) 4 はげむ 애쓰다, 힘쓰다≒精進する 정진하다

공부에 힘쓴 보람이 있어서, 염원하던 대학에 합격했다.

かい 보람　念願 염원　大学 대학　合格 합격　大望 대망
許諾 허락　合点 수긍

key point

「励む」라고 하며, 타동사는 「励ます:격려하다, 북돋다」이다. 그
리고 「精進」은 「정성을 다하여 노력해 나아감」이라는 의미이다.

(36) 1 一筋に 외곬, 일편단심≒ひとえに 오로지

선생님은 이 길 일편단심으로 살아왔다.

道 길　生きる 살다　ややこしい 복잡하다　はんぱだ 어정

정하다　むやみに 무턱대고, 함부로

key point

같은 표현으로 「専ら」「ひたすら」가 있다. 부사는 단순히 암기
할 수밖에 없다.

(37) 3 取り組む 몰두하다≒専念する 전념하다

자기개발에 적극적으로 몰두하는 사람일수록 연봉이 높다.

自己 자기　開発 개발　積極的 적극적　年収 연봉　筆頭 첫
째로 손꼽히는 것　概要 개요　盛況 성황

key point

「打ち込む」와도 같은 표현이며, 「没頭する:몰두하다」라고도
한다.

(38) 2 心配する 걱정하다≒案ずる 염려하다

아이의 장래를 걱정한 부모는 선생님께 상담하러 갔다.

将来 장래　相談 상담　称する 칭하다　信じる 믿다　転じ
る 변하다, 바뀌다

key point

「案ずる」라는 한자에서는 그 의미가 유추되지 않으므로 반드시
암기하도록 하자. 같은 표현으로 「懸念する:염려하다」가 있다.

(39) 2 しのぐ 참다≒たえる 참다, 견디다

그들은 큰 눈으로 떨면서도 추위를 참았다.

大雪 큰 눈　震える 떨다　寒さ 추위　みなす 간주하다, 가정
하다　ふける 나이를 먹다, 늙다　はばむ 기가 꺾이다, 방해하
다

key point

같은 표현으로 「堪える」「我慢する」「辛抱だ:참다」「堪る」가
있다.

(40) 1 究極 궁극≒最大 최대

교육의 궁극적인 목적은 자기를 실현해서 행복하게 되는 것입니
다.

教育 교육　目的 목적　自己 자기　実現 실현　幸せ 행복
眼目 요점, 주안　機敏 기민　承諾 승낙

key point

「究極」은 「최후의 도달점」을 의미하므로, 문장에 따라서 「最大」
와 같은 표현이 될 수가 있는 것이다.

(41) 2 あこぎだ 욕심 사납고 뻔뻔스럽다, 탐욕스럽다≒あく
どい 지독하다, 악랄하다

최근에는, 탐욕스러운 장사를 조직적으로 행하고 있는 곳은 별로
없는 것 같다.

最近 최근　商売 장사　組織的 조직적　行う 행하다　ろく
だ 제대로 이다　はんぱだ 어정쩡하다　にぶい 무디다, 둔하

다

key point

「悪質(あくしつ):악질」,「悪辣(あくらつ):알랄」과 같은 표현이다.

(42) 4 くせがある 일반적이지 않다, 독특하다≒独特(どくとく)だ 독특하다

일본인에게 있어서는 일반적이지 않는 맛이지만 맛있다.

味(あじ) 맛　きがるだ 부담 없다　なまぐさい 비린내가 나다　すっぱい (맛이) 시다

key point

「어떤 특정한 버릇이나 특징이 있다」는 의미이다. 따라서「特有(とくゆう):특유」,「固有(こゆう):고유」라는 단어도 문장에 따라서는 같은 의미가 될 수 있다.

(43) 1 ファイン 좋은, 괜찮은≒あざやかだ 선명하다, 뛰어나다

보시면 알 수 있겠지만, 확실히 이것은 놀랄만한 파인 플레이입니다.

ご覧(らん)になる「見(み)る-보다」의 존경어　確(たし)かに 확실히　驚(おどろ)く 놀라다　すこやかだ 튼튼하다, 건강하다, 건전하다　むなしい 공허하다, 헛되다　わずらわしい 번거롭다, 귀찮다

key point

「ファイン」은 영어의「fine」을 나타낸다.「あざやかだ」가「뛰어나다」는 의미로 사용될 경우,「あざやかなプレー:뛰어난 플레이」라는 표현으로 많이 출제된다.

(44) 3 融通(ゆうずう)がきかない 융통성이 없다≒きちょうめんだ 고지식하다, 곧고 꼼꼼하다

고지식하고 융통성이 없는 성격은「우울증에 걸리기 쉬운 성격」이라고 생각되고 있다.

きまじめだ 고지식하다　性格(せいかく) 성격　うつ病(びょう) 우울증　短気(たんき)だ 성급하다　そそっかしい 덜렁대다　きさくだ 소탈하다

key point

「きちょうめん」은 경우에 따라서「生真面目(きまじめ)だ:고지식하다」「頭(あたま)が固(かた)い:융통성이 없다」와 같은 표현으로 사용될 수도 있다.

(45) 4 恥知(はじし)らず 철면피, 파렴치함≒あさましい 한심스럽다, 비열하다

자기 혼자의 덕분으로 이겼다니, 이렇게도 철면피한 사람은 만난 적이 없다.

勝(か)つ 이기다　〜なんて ~하다니　こうばしい 향기롭다, 구수하다　いさぎよい 맑고 깨끗하다, 결백하다　おぞましい 사납다, 무시무시하다, 무섭다

key point

「恥(はじ)」가 부끄러움이고, 그것을 모른다는 의미이므로「뻔뻔하다」는 뉘앙스가 된다. 문장에서의 쓰임에 따라「図々(ずうず)しい=厚(あつ)かましい:뻔뻔스럽다」와 같은 표현이 될 수가 있다.

(46) 1 婉曲(えんきょく)だ 완곡하다≒遠回(とおまわ)し 에둘러 말함, 간접적임

친해지고 싶지 않는 사람에 대한 완곡한 거절방법을 가르쳐 주세요.

親(した)しい 친하다　断(ことわ)る 거절하다　教(おし)える 가르치다　直接的(ちょくせつてき) 직접적　こまやかだ 자상하다, 세밀하다, 꼼꼼하다　こざかしい 몹시 약다, 간교하다, 주제넘다

key point

「婉曲(えんきょく)」은「말투가 노골적이지 않고 우회적인 것」을 의미한다. 따라서 문장에서의 쓰임에 따라「やわらかい:부드럽다」와 같은 의미가 될 수 있다.

(47) 2 もつれる 혼란해지다, 복잡해지다≒ややこしい 복잡하다, 까다롭다

그와는 감정적으로 다양한 것이 꼬여 있어서 힘들다.

感情的(かんじょうてき) 감정적　大変(たいへん)だ 힘들다　きらびやかだ 눈부시게 화려하다　つつましい 얌전하다. 조신하다　おごそかだ 엄숙하다

key point

「もつれる」는「엉키다」라는 의미도 있는데, 이 때 같은 의미로 사용되는 동사는「絡(から)まる:휘감기다, 얽히다」이다.

(48) 3 肯定的(こうていてき) 긍정적≒このましい 마음에 들다, 호감이 가다, 바람직하다

거래처에 의뢰했던 바, 긍정적인 답변이 왔다.

取引先(とりひきさき) 거래처　依頼(いらい) 의뢰　返事(へんじ) 답변　しなやかだ 나긋나긋하다, 부드럽다　おろそかだ 소홀하다　うらめしい 원망스럽다, 한스럽다

key point

부정적이라는 표현은「否定的(ひていてき)」라고 한다. 이 표현은 경우에 따라서「許(ゆる)せない:허락할 수 없다, 용서할 수 없다」는 표현과 같은 의미가 될 수 있다.

(49) 2 わざとらしい 부자연스럽다, 짐짓 꾸민 듯하다≒おおげさだ 과장되다

야마다 군은 항상 상사의 이야기에 꾸민 듯한 웃음을 짓는다.

上司(じょうし) 상사　笑(わら)う 웃다　かわいい 귀엽다　むなしい 공허하다, 헛되다　ろくだ 제대로 이다, 변변하다

key point

「わざとらしい」와「おおげさだ」는 같은 의미는 아니지만, 문장 속에서 같은 의미로 사용된 것이다.「わざとがましい:꾸민 듯하다」와 같은 의미이다.

(50) 4 ずばりと 단도직입적으로≒もろに 직접, 정면으로
선생님께 지금의 고민을 단도직입적으로 말해 보았다.
悩み 고민 とっさに 순간적으로, 즉시 あらかじめ 미리, 사
전에 いっぺんに 한꺼번에
key point
「直接:직접」과 같은 표현이며 「ずばり」는 「정확히, 정통으로」
라는 의미도 가지고 있다.

(51) 2 いやしい 천하다, 저속하다≒はしたない 상스럽다, 조
심성이 없다
그는 저속한 말을 하기 때문에 모두에게 미움을 받고 있다.
言葉遣い 말투 嫌う 싫어하다 ねたましい 질투심이 나다,
샘이 나다 すさまじい 굉장하다, 엄청나다 かんばしい 향
기롭다, 향기가 좋다
key point
「卑しい」라고 쓰며, 경우에 따라서는 「嫌だ:싫다」와 같은 의미
가 될 수 있다.

(52) 3 おろそかだ 소홀하다≒おこたる 게을리 하다
어떤 일이 일어날지 모르니까 주의를 소홀히 하지마!
起きる 일어나다 注意 주의 たくわえる 비축하다, 저축하
다 すたれる 쓸모없게 되다 きたえる 단련하다
key point
「怠る」라고 쓰며, 같은 표현으로 「怠ける」가 있다. 「おこたる」
와 「おろそか」는 같은 의미는 아니지만, 이 문장에서는 유사어
로 사용되었다.

(53) 1 ありきたり 진부함, 평범함≒つきなみだ 평범하다,
진부하다
평범한 매일에 질려서, 여행 가기로 했다.
飽きる 질리다 旅行 여행 のどかだ 한가롭다, 화창하다
あわただしい 분주하다 のぞましい 바람직하다, 소망스럽
다
key point
「平凡:평범」과 같은 의미이며, 「陳腐:진부」라고도 한다.

(54) 4 照れくさい 멋쩍다, 겸연쩍다, 쑥스럽다≒面はゆい 낯
간지럽다, 부끄럽다
「좋아한다」「사랑한다」는 말은 쑥스러워서 말하고 싶지 않아.
愛する 사랑하다 なまぬるい 미지근하다, 미온적이다 はな
ばなしい 화려하다, 찬란하다 まぎらわしい 헷갈리기 쉽다
key point
(24)번을 참조로 하자.

(55) 2 ひどく 심하게≒きわめて 극히, 더없이
이 아파트는 심하게 위험한 상태로, 바로 수리해야만 한다.
危ない 위험하다 状態 상태 修繕 수선, 수리 いくた 숱한,
다수 ことによると 어쩌면, 혹시 さほど 그다지, 별로
key point
(30)번을 참조로 하자.

(56) 3 ルーズだ 루스하다, 칠칠치 못하다≒だらしない 야무
지지 못하다, 칠칠치 못하다
그의 시간에 칠칠치 못한 점이 원인으로 몇 번이나 싸웠다.
原因 원인 すみやかだ 재빠르다, 신속하다, 조속하다 ださ
い 촌스럽다, 멋없다 はるかだ 멀리 떨어져 있다, 아득하다
key point
「ルーズ」는 영어의 「loose」를 의미한다. 「しまりがない:야무
지지 못하다」, 「腑甲斐ない:패기가 없다, 한심스럽다」와 같은 의
미이다.

(57) 2 こころぼそい 불안하다, 허전하다≒頼りない 의지할
것이 없다, 불안하다,
중요한 일인데, 그가 도와주지 않다니, 매우 불안하다.
大事だ 중요하다 仕事 일 手伝う 돕다 ～かぎりだ 매우~
하다 みすぼらしい 초라하다, 볼품 없다 ものたりない 뭔
가 섭섭하다, 뭔가 아쉽다 なさけぶかい 인정이 많다
key point
「不安だ:불안하다」, 「心配だ:걱정이다」와 같은 표현이며, 문장
에서의 쓰임에 따라 「さびしい:(무엇을 잃은 것처럼)허전하다」
와 같은 표현이 될 수도 있다.

(58) 4 過度に 과도하게≒やけに 무턱대고, 몹시
계획을 세우지 않고, 과도하게 소비하면, 나중에 힘듭니다.
計画を立てる 계획을 세우다 消費 소비 さっと 휙, 훌쩍,
쏴 すんなり 매끈하게, 술술 ずらっと 날씬하게, 훤칠히
key point
「やたらに:무턱대고」, 「過多:과다」와 같은 표현이 될 수 있다.

(59) 1 窮屈だ 비좁다, 답답하다, 갑갑하다≒かたくるしい 딱
딱하다, 거북스럽다
회의실은 분위기가 갑갑해서 있기가 불편했다.
会議室 회의실 雰囲気 분위기 居心地が悪い 있기에 불편
하다 しとやかだ 얌전하다, 정숙하다 みぐるしい 볼꼴사납
다 もろい 깨지기 쉽다, 여리다, 무르다
key point
「窮屈」는 「사이즈가 작다」는 뜻도 있는데 「小さい」와 같은 의미
가 된다. 「비좁다」는 의미로 사용되면 「狭い:좁다」와 같은 표현
이 된다.

(60) 2 ケチだ 인색하다≒しぶい 인색하다
사원여행에 1엔도 내지 않는 인색한 사장도 있다.
社員旅行 사원여행　社長 사장　すばしこい 잽싸다, 민첩하다　だるい 나른하다, 노곤하다　しぶとい 끈기가 있다, 끈덕지다, 고집이 세다
key point
「しわい:쩨쩨하다」「しみったれ:인색함, 또는 구두쇠」「みみっちい:쩨쩨하다, 인색하다」와 같은 의미이다.

(61) 4 ちょうど 딱, 마침≒きっかり 뚜렷이, 정확히, 딱
사진을 보니 작년에도 8월 15일에 캠프를 했기 때문에 딱 1년입니다.
写真 사진　昨年 작년　がっちり 사물이 빈틈이 없는 모양(꼭, 딱)　かつて 일찍이, 이전에, 이제껏　かねて 미리, 진작부터
key point
「きっかり」는 주로 「숫자」와 접속되어 사용된다. 「きっちり:꼭」「かっきり:정확히, 꼭」와 같은 의미이다.

(62) 3 うっとうしい 울적하다, 귀찮다, 번거롭다≒わずらわしい 성가시다, 귀찮다
문자가 오면 자고 있을 때도 무조건 일어나 버리기 때문에, 자고 있을 때의 문자는 귀찮다.
絶対 절대　起きる 일어나다　そっけない 무뚝뚝하다, 쌀쌀하다　たくましい 늠름하다, 다부지다　てがるだ 간편하다, 간단하다, 손쉽다
key point
「うっとうしい」는 「마음이 울적하다」는 의미로 사용될 때는 같은 표현으로 「晴れ晴れしない」이고, 날씨가 「후텁지근하다」는 의미 사용될 때는 같은 표현으로 「むしむしする」가 있다.

(63) 1 あっけない 싱겁다, 어이없다≒拍子抜けする 맥 빠짐, 김빠짐, 헛김이 샘
어처구니도 없고 눈물도 나오지 않는 어이없는 결말로 실망했다.
言葉もない 어처구니가 없어서 말이 안 나오다　涙 눈물　結末 결말　はなやかだ 화려하다, 눈부시다, 뛰어나다　息がつまる 숨이 막히다　なおざり 등한함, 소홀함
key point
「あっけない」가 「어이없다」는 의미로 사용될 때는, 문장에 따라 「物足りない:약간 부족하다, 어딘지 아쉽다」「つまらない:시시하다」와 같은 의미가 될 수 있다.

(64) 4 すさまじい 굉장하다, 엄청나다, 어마어마하다≒衝撃 충격
회사에서 엄청난 차별의 발언을 들었다.
差別 차별　発言 발언　デモニッシュ 악마적, 초인간적, 초자

연적　行き届く 자상하게 마음 쓰다, 용의 주도하다　むき出し 있는 그대로를 드러냄, 노골적임
key point
「엄청난 차별의 발언」이므로 「충격적인 발언」이라고 표현할 수 있는 것이다. 「すさまじい」의 원래의 의미와 같은 표현으로는 「甚だしい:어마어마하다」「ひどい:심하다」가 있다.

(65) 2 グッズ 상품≒商品 상품
현관이나 창문에는, 알람이나 그 외의 방범상품을 설치하는 편이 좋다.
玄関 현관　防犯 방범　設置 설치　鍵 열쇠　手錠 수갑　警備 경비
key point
「グッズ」는 영어의 「goods」를 의미하며, 「品物:물건」과 같은 표현이다.

(66) 1 ことさら 특별히, 각별히, 새삼스럽게≒あえて 굳이, 감히, 억지로
이미 훨씬 전의 일이기 때문에 새삼스럽게 이 일에 대해서 언급할 필요는 없다.
言及 언급　必要 필요　かろうじて 겨우　さも 자못, 정말로 젓거리 차분하게, 곰곰이
key point
「しいて:굳이, 감히」「あらためて:새삼스럽게」와 같은 의미이다.

(67) 3 いちじるしい 현저하다, 두드러지다≒飛躍的な 비약적인
중국은 우주분야에서 현저한 발전을 이루고 있다.
宇宙 우주　分野 분야　発展 발전　遂げる 이루다, 달성하다　露骨に 노골적으로　すすんで 기꺼이, 자진해서　いかめしい 삼엄하다, 엄숙하다
key point
「顕著に:현저하게」와 「目立つ:눈에 띄다」도 같이 알아두자. 예를 들면, 현저한 발전은, 눈에 띄는 발전과 같은 의미가 되기 때문이다.

(68) 2 あわただしい 조급하다, 분주하다≒せわしい 바쁘다, 겨를이 없다
매년 분주한 연말이지만, 올해는 특히 허둥대고 있습니다.
年末 연말　とりわけ 특히　バタバタ 허둥지둥　おごそかだ 엄숙하다　まちどおしい 몹시 기다려지다　気軽だ 부담없다
key point
같은 표현으로 「忙しい」「目まぐるしい:(바빠서) 눈이 돌 것

같다」가 있다.

(69) 4 消え入る 사라지다, 꺼져 들어가다≒かすかだ 희미하다, 흐릿하다
아이는 꺼져 들어가는 듯한 목소리로 반성의 변을 말했다.
声 목소리　反省 반성　弁 말　述べる 말하다　とぼしい 부족하다, 모자라다　すこやかだ 튼튼하다, 건강하다, 건전하다　しなやかだ 나긋나긋하다, 부드럽다
key point
이 문제에서는 「はっきりしない:확실하지 않은」「自信のない:자신감이 없는」과 같은 의미가 될 수 있다.

(70) 3 もっぱら 오로지, 단지. 한결같이≒いちずに 오로지
오로지 공부에 전념하기 위해, 개인적 생활은 버려버렸다.
専念 전념　生活 생활　捨てる 버리다　かつ 게다가, 게다가　いまだ 아직도　ことに 특히
key point
(36)번을 참조로 하자.

(71) 3 不確かだ 불확실하다≒漠然だ 막연하다
그는 항상 불확실한 지식으로 큰 소동을 일으킨다.
知識 지식　大騒ぎ 큰 소동　はかない 덧없다, 부질없다　かげろうのような 하루살이 같은, 덧없는　もって回った 완곡한, 빙빙 둘러서
key point
「不確か」와 같은 표현으로 「あやふや:애매함」「不明:불명확」「不確実:불확실」이 있다.

(72) 4 かわるがわる 번갈아, 차례로≒交互に 번갈아
여러 종류의 술을 번갈아 마시는 것은 좋지 않다.
種類 종류　順番に 순서대로　一気に 단숨에　一斉に 일제히
key point
같은 표현으로 「代わり番こに:교대로」「交々:교대로」가 있다. 그리고 「交互」는 한국어 음으로는 한국어에 없는 표현이므로 암기하도록 하자.

(73) 3 マニフェスト 선언, 격문, 공약≒公約 공약
실현 불가능한 공약을 내걸고, 국민을 속이고 정권을 탈취했다.
実現 실현　不可能 불가능　掲げる 내걸다　国民 국민　欺く 속이다, 기만하다　政権 정권　奪取 탈취　演説 연설　平和 평화　詐欺 사기
key point
「マニフェスト」는 영어로 「manifesto」이며, 「성명(서)」라는 의미도 있다.

(74) 1 ツール 단순한 작업을 전문으로 하게 설계된 작은 프로그램≒ソフトウエア 소프트 웨어
이 사이트에서는 바이러스의 삭제를 행하는 툴을 다운로드하는 것이 가능합니다.
削除 삭제　行う 행하다　可能 가능　アウトドア 아웃도어, 야외　オクション 경매　ガレージ 차고
key point
「ツール」는 영어로 「tool」이며, 인터넷 용어로 흔히 말하는 「툴」이라는 의미이다.

(75) 2 はかばかしい 진행이 순조롭다, 만족스럽다≒ぴったり 딱 맞는 모습
리포트를 하려고 했지만, 인터넷에서도 만족스러운 정보가 없어서 곤란해 있습니다.
情報 정보　困る 곤란하다　なだかい 유명하다　ものものしい 삼엄하다, 과장되다　すばやい 날래다, 재빠르다
key point
두 단어는 같은 의미는 아니지만, 이 문장 속에서는 같은 의미이다. 그리고 「好ましい:바람직하다」도 같이 알아두자.

(76) 4 きっちり 시간·수량 등에 우수리가 없는 모양≒ジャスト 꼭, 정각
아이에게 항상 간식은 3시 정각에 먹이고 있다.
おやつ 간식　すぎる 지나다　のばす 연기하다
key point
(61)번을 참조로 하자.

(77) 3 ぼつぼつ 서서히, 슬슬≒徐々に 서서히
서서히 단풍이 시작되고 있다고 하는데, 내가 있는 곳은 아직입니다.
紅葉(こうよう・もみじ) 단풍　いつの間にか 어느 샌가　とつじょ 갑자기　あっという間に 눈 깜짝할 사이에
key point
「そろそろ」와 같은 의미이고, 「ぼつぼつ」는 「여기저기」라는 의미도 있는데, 이 때 같은 표현으로 「ぼちぼち」가 있다.

(78) 2 そっけない 무뚝뚝하다, 쌀쌀하다≒冷淡だ 냉담하다
좋아하는 사람에게 메일을 보냈더니 쌀쌀맞은 답변이 왔다.
送る 보내다　返事 답변　素朴だ 소박하다　シンプル 심플
소중하다, 귀중하다
key point
같은 표현으로 「すげない:매정하다, 쌀쌀하다」「不人情:몰인정함, 야박함」「非人情:몰인정함, 비정함」「薄情だ:박정하다」가 있다.

(79) 1 プレッシャー 압력, 정신적인 압박≒心理的な圧力 심리적인 압력

선생님과의 개인 면접연습에서도 압박감으로 아무 것도 할 수 없었다.

個人 개인　面接 면접　練習 연습　不注意 부주의　不足 부족　なやましい 괴롭다, 마음이 어지럽다

key point

「プレッシャー」는 영어로 「pressure」인데, 주로 「정신적 압박」을 의미한다.

(80) 4 いかにも 자못, 정말로≒いたって 극히, 매우

상사에게 그런 말을 하다니, 정말로 당돌하다.

上司 상사　唐突だ 당돌하다　きっぱり 딱 잘라, 단호하게　ひょっと 문득　ほっと 한숨짓는 모양

key point

같은 표현으로 「さも:자못, 참으로」「実に:실로, 참으로」「本当に:정말로」가 있다.

(81) 4 とうとぶ 존경하다, 소중히 하다≒重んじる 소중히 하다

정말로 평화를 소중히 하고 있는 국가라면, 어디로부터도 침략은 당하지 않을 것이다.

平和 평화　侵略 침략　信じる 믿다　崇拝 숭배　おろそかだ 소홀하다

key point

「尊ぶ」라고 쓰며, 「大事だ」「大切だ」와 같은 의미이다. 그리고 「尊い:소중하다, 귀중하다」도 같이 암기하자.

(82) 1 計画 계획≒スキーム 계획, 기획

이 불량채권을 처분할 계획은, 이하 대로입니다.

不良 불량　債権 채권　処分 처분　以下 이하　スタンプ 스탬프, 고무인　ガイダンス 가이던스, 오리엔테이션　コンサルタント 컨설턴트, 상담역

key point

「スキーム」는 영어로 「scheme」이며, 「계획, 企画(기획), 体型(체계)」를 의미한다.

(83) 2 革新 혁신≒イノベーション 이노베이션, 기술 혁신

앞으로의 산업계의 움직임에 따라 가기 위해서, 우리 회사에서도 우선은 조직의 혁신이 필요하다.

産業界 산업계　動き 움직임　組織 조직　必要 필요　コンテンツ 콘텐츠, 내용, 알맹이　ビッグバン 빅뱅, 대 폭발　ウイルス 바이러스

key point

「イノベーション」은 영어로 「innovation」이며, 「技術革新:기술혁신」이라는 의미도 있다.

(84) 3 柔軟だ 유연하다≒フレキシブル 플렉시블, 유연함

어떤 손님에게도 유연하게 대응하는 것이 중요합니다.

対応 대응　肝心だ 중요하다　リーダーシップ 리더십, 지도적 지위　ホットライン 핫라인　スローガン 슬로건

key point

「フレキシブル」은 영어로 「flexible」이며, 「융통성이 있다」이라는 의미도 있으므로, 「融通がきく」와 같은 의미가 된다.

(85) 4 あいまいだ 애매하다≒ファジー 명확하지 않은

남자와 여자의 세계는, 1 더하기 1은 2가 아니어서, 더욱 애매한 것이다.

世界 세계　足す 더하다　ビエンナーレ 비엔날레　ドッキング 도킹, 입거　サミット 서밋, 주요 선진국 수뇌회의

key point

「ファジー」는 영어로 「fuzzy」이며, 「윤곽이 명확하지 않다」라는 의미이다. 같은 표현으로 「不明瞭:불명료」가 있다.

(86) 4 非公開 비공개≒オフレコ 오프 더 레코드, 비공식 발언

비공개로 신문기자들에게 이야기한 내용이, 지면에 실려서 궁지에 몰렸다.

新聞 신문　記者 기자　内容 내용　紙面 지면　載る 게재하다　窮地 궁지　マキシム 금언, 격언　クレーム 클레임, 불평, 불만　フレーム 프레임, 틀, 테

key point

「オフレコ」는 영어로 「off the record」인데, 이것을 약어로 표현한 것이다. 따라서 「非公式:비공식」도 같은 표현이 될 수 있다.

(87) 3 怠業 태업≒サボタージュ 사보타주, 노동 쟁의, 태업

태업에 의한 임금삭감이 문제가 되었다.

賃金 임금　ダンピング 덤핑　デフレーション 디플레이션　ニヒリズム 니힐리즘, 허무주의

key point

「サボタージュ」는 프랑스어의 「sabotage」인데, 줄여서 「サボ」라고도 한다. 일본어 동사에서 「サボる:게으름 피우다」는 「サボタージュ」에서 유래되었다.

(88) 2 傾向 경향≒トレンド 트렌드, 방향, 동향

일본이 세계의 경향에 따라가기 위해서 노력해야만 하는 것은 무엇이 있습니까?

世界 세계　追いつく 따라가다　努力 노력　リサイタル 리사이틀, 독창(회)　モノグラフ 모노그래프, 특정한 문제를 자세히 다룬 연구 논문　トラウマ 트라우마, 정신적 외상

key point

「トレンド」는 영어로 「trend」인데, 같은 표현으로 「趨勢:수세」「流れ:흐름」이 있다.

(89) 1 保守的 보수적≒コンサバティブ
저 정치가는 옛날부터 보수적인 생각을 가지고 있었다.
政治家 정치가　昔 옛날　ドメスティック 도메스틱, 가정적임　ポジティブ 포지티브, 적극적, 실증적　ネガティブ 네거티브, 소극적, 부정적
key point
「コンサバティブ」는 영어로 「conservative」이고, 반대말로 「プログレッシブ(progressive):진보적, 혁신적」이다.

(90) 4 肩たたき 퇴직 권고≒勧奨退職 권장퇴직
항상 프로젝트에 실패해서 결국 퇴직 권고 당했다.
失敗 실패　結局 결국　定年 정년　左遷 좌천　栄進 승진
key point
「リストラ:명예퇴직, 구조조정」과 같은 표현이며, 「肩をつける:결말을 내다, 해결하다」라는 표현도 같이 알아두자.

(91) 3 激化する 격렬해지다≒はげしい 격렬하다, 세차다
폭력단끼리의 항쟁이 심해졌다.
暴力団 폭력단　同士 같은 무리　抗争 항쟁　うなぎのぼり 급상승　おそろしい 무섭다　だいなし 엉망진창
key point
「激化する」는 「이전보다 심해지다」는 의미를 가지고 있다. 따라서 「ひどくなる:심해지다」라고 표현해도 같은 의미가 된다.

(92) 1 あどけない 천진난만하다≒無邪気だ 천진난만하다
유아의 천진난만한 웃는 얼굴을 보고 나도 웃어버렸다.
幼児 유아　笑顔 웃는 얼굴　笑う 웃다　平凡だ 평범하다　さりげない 아무렇지도 않은 듯하다　立派だ 훌륭하다
key point
「無心である:무심하다, 순진하다」「純粋だ:순수하다」와 같은 의미이다.

(93) 4 欠陥 결함≒不備な 点 미비한 점
이 기계는 너무 결함이 많다.
機械 기계　長所 장점　欠乏 결핍　だんどり 준비, 채비
key point
「短所:단점」「欠点:결점」「長所:장점」도 같이 알아두자.

(94) 3 決裂 결렬≒物別れ 결렬, 결별
노사 회담은 결렬되었다.
労使 노사　会談 회담　解決 해결　後回し 뒤로 돌림, 뒤로 미룸　くりあげる 앞당기다

---

key point
서술어로 풀면 「だめになった:안 되게 되었다」「できなくなった:할 수 없게 되었다」라고 해도 된다.

(95) 1 あられもない 망측한, 보기에도 민망스러운≒あってはならない 있어서는 안 될
신입사원의 망측한 모습에 모두 깜짝 놀랐다.
新入社員 신입사원　姿 모습　まぶしい 눈부시다　ものともしない 문제시하지 않다, 개의치 않다　おちつく 차분하다, 안정되다
key point
「悲惨だ:비참하다」「惨めだ:비참하다」「みにくい:추하다」와 같은 의미이다.

(96) 1 屈託のない 걱정 없다, 염려 없다≒心配 걱정
나의 좌우명은 염려 없는 도전정신입니다.
モットー 좌우명　精神 정신　おそろしさ 두려움　じゃま 방해　はじ 부끄러움
key point
「懸念:염려」도 같은 의미이며, 위의 문장에서는 「恐れない:두려워하지 않다」도 같은 의미가 될 수 있다.

(97) 4 臆面もなく 뻔뻔스럽게, 넉살 좋게≒ずうずうしい 뻔뻔하다
그는 넉살 좋게, 차려진 요리를 전부 다 먹어 치웠다.
料理 요리　平らげる 다 먹어 치우다　ぞっとしない 탐탁하지 않다, 재미없다, 신통치 않다　如才ない 빈틈없다, 붙임성 있다　にべもない 아주 정떨어진다, 쌀쌀맞다
key point
(45)번을 참조로 하자.

(98) 1 のっぴきならない 발목 잡히다≒ぬきさしならない 빼도 박도 못하다
어떻게 할 수 없는 사태에 빠졌다.
事態 사태　おちいる 빠지다　しどけない 단정치 못하다　つつがない 무사하다, 건강하다　にえきらない 뜨뜻미지근하다, 애매하다
key point
이 문장에서는 「どうにもならない:어떻게 할 수도 없다」도 같은 의미가 된다.

(99) 3 はしなくも 뜻밖에, 뜻하지 않게≒思いがけず 뜻밖에도, 의외로
뜻밖에 두 사람의 비밀이 들켜버렸다.
秘密 비밀　ばれる 들키다　せい 탓　いきない 갑자기　案

の定 생각했던 대로
key point
「思わず:엉겁결에」「ついうっかり:그만 무심코」도 같은 표현
이 될 수 있다.

(100) 2 鼻つまみ 밉상을 떪, 또는 그런 사람≒除け者 따돌림
을 받는 사람, 예외로 취급받는 사람
저 녀석은 우리 부서의 밉상이다.
部署 부서 曲者 수상한 자, 교활한 사람 悪たれ者 악동 偽
り者 거짓말쟁이
key point
「鼻につく」는「역겹다, 물리다」는 의미인데, 같은 표현으로「目
障りだ:아니꼽다」「吐気がする:역겹다」가 있다.

◈ Part 4 (단어의 바른 쓰임)

(1) 4 大筋 대강의 줄거리
이 범죄소설을 읽고 대강의 줄거리를 쓰세요.
1 그녀는 큰 무늬의 꽃이 있는 원피스를 입고 있었다. → 大柄 큰
무늬
2 친구는 뭐든지 과장되게 말하는 경향이 있다. → 大げさだ 과
장되다
3 사건의 내용을 대략적으로 설명해 주세요. → 大まかだ 대략
적이다
花 꽃 着る 입다 傾向 경향 事件 사건 内容 내용 説明
설명 犯罪 범죄 小説 소설
key point
「筋」라고 해도 같은 의미가 된다. 그리고「すじ」는「정보통, 핏
대, 혈통, 소식통」이라는 의미도 가지고 있다. 예를 들어,「碁の
すじがいい:바둑에 소질이 있다」이다.

(2) 2 誇示 과시
학력을 과시하고 싶어하는 사람은 대체로 자신감이 없는 사람이
많다.
1 적절한 일의 지시는 중요한 임무의 하나이다. → 指示 지시
3 그의 노래가 유럽을 정복했다고? 그것은 심한 과장이다. → 誇
張 과장
4 광고, 텔레비전의 CM등은 제품의 효과를 지나치게 과장하는
경향이 있다. → 誇張 과장
適切だ 적절하다 仕事 일 重要だ 중요하다 任務 임무 学
歴 학력 大体 대체로 自信 자신감 歌 노래 征服 정복 広
告 광고 製品 제품 効果 효과 傾向 경향
key point

「誇示」가 들어가는 다른 예문을 보면,「あの国は武力で国力
を誇示する:저 나라는 무력으로 국력을 과시한다」처럼, 주로
「誇示する」라는 형태로 시험에 출제된다.

(3) 1 目論見 계획, 의도
상사에게「하반기에 대한 계획을 제출해」라고 들었다.
2 정치가는 모두 믿을 수 없다, 이것이야말로 편견이 아닐까? →
偏見 편견
3 논리적으로 생각하고 행동하는 편이 좋다. → 論理的 논리적
4 괴로움이 있음으로 해서 또 성공했을 때의 기쁨도 있는 것이다.
→ よろこび 기쁨
上司 상사 下半期 하반기 提出 제출 政治家 정치가 信
じる 믿다 行動 행동 苦しみ 괴로움 ～ばこそ 바로~라는
이유 때문에 喜び 기쁨
key point
다른 예문을 보면,「彼の話では何か目論見がありそうだ:그
의 이야기로는 뭔가 계획이 있을 것 같다」이다.

(4) 2 とうとい 소중하다, 귀중하다
동물의 학대로 소중한 목숨을 잃는 것에 마음이 아픕니다.
1 그녀는 보는 것도 듣는 것도 더러운 환경에서 키워졌다. → け
がらわしい 더럽다, 역겹다
3 옷차림은 볼품 없는 사람이었지만, 사실은 재벌 아들이라고 한
다. → みすぼらしい 볼품없다
4 일찍이 없었던 화려한 무대에서 개막식이 행해졌다. → きらび
やかだ 눈부시게 화려하다
環境 환경 育つ 자라다 動物 동물 虐待 학대 命 목숨
失う 잃어버리다 痛む 아프다 身なり 옷차림 実は 사실은
財閥 재벌 かつて 일찍이 舞台 무대 開幕式 개막식
key point
한자로는「尊い」라고 하며, 같은 표현으로「貴重だ:귀중하다」
가 있다. 그리고「尊ぶ:존중하다」도 같이 암기하자.

(5) 2 はんぱ 어정쩡함
그녀와 어정쩡하게 만나고 싶지 않아서 헤어질 것을 결심했다.
1 이제 알았으니까 적당히 해라. → いいかげんだ 적당하다
3 도중에 하차를 해도 환불은 없습니다. → 途中 도중
4 그녀의 드레스의 색은 흰색과 노란색의 중간 같은 색이었다. →
中間 중간
分かる 알다 別れる 헤어지다 決心 결심 下車 하차 払
い戻し 환불 色 색 白 하얀색 黄色 노란색
key point
「はんぱ」는「中途半端」를 줄여서 표현한 것이며, 이것도 저것
도 아닌 상황이나 상태를 의미한다. 따라서 문제의 정답은 애인도
친구도 아닌 상태를 그만두고 싶다는 의미이다.

(6) 4 ものずきだ 색다른 것을 좋아하다

일부러 밤에 묘지에서 데이트를 하다니, 색다른 것을 좋아하는 사람이다.

1 다이어트에서 빨리 성공시키는 방법을 가르쳐 드리겠습니다.
→ 速やかだ 재빠르다, 신속하다

2 그녀는 음식의 편식이 많다. → すききらい 좋아하고 싫어함, 편식

3 탐험대는 고원의 청아한 아침을 맞이했다. → 清らかだ 맑다, 청아하다, 깨끗하다

成功 성공 方法 방법 教える 가르치다 探検隊 탐험대 高原 고원 わざわざ 일부러 墓場 묘지 ～とは ~하다니

key point

「호기심이 많다」는 의미도 있다. 예를 들면, 「彼もけっこう物好きらしい:그도 상당히 호기심이 많은 것 같다」「物好きで夜空を観察しているのではない:호기심으로 밤하늘을 관찰하는 것은 아니다」이다.

(7) 1 一体 도대체

연애란 도대체 뭘까? 요즘 들어서 생각하게 되었다.

2 사이렌이 들리자마자 모두 일제히 일어섰다. → 一斉に 일제히
3 당신의 고민 전부를 일거에 해결하겠습니다. → 一挙に 일거에
4 이 비행기는 도중에 멈추지 않고 미국까지 비행한다. → 一気に 단숨에

恋愛 연애 最近 최근 동사의 현재형+やいなや ~하자마자 皆 모두 立ち上がる 일어서다 悩み 고민 全て 전부 解決 해결 飛行機 비행기 飛ぶ 날다

key point

「一体に」로 사용하여, 「대체로, 전반적으로」이라는 의미도 가진다. 예를 들면, 「成績は一体にいい:성적은 대체로 좋다」「今年は一体に寒い:올해는 대체로 춥다」이다.

(8) 3 とっさに 순간적으로, 즉시

운전 중에 고양이가 뛰어나와서 순간적으로 피하려고 핸들을 꺾었다.

1 아들이 대학에 합격하는 것이 한결같은 바램입니다. → ひたすらの 오직, 한결같은
2 한자를 잘 아는 그 조차 모르는데 하물며 당신이 알 리가 없다. → まして 하물며
4 장난이 심한 아이이니까 이것도 틀림없이 이 아이가 했음이 틀림없다. → まさしく 바로, 틀림없이

合格 합격 願い 바람, 염원 漢字 한자 詳しい 상세하다, 자세하다 さえ 조차 동사기본형+もんか 절대~하지 않는다 運転中 운전 중 猫 고양이 飛び出す 뛰어나오다 避ける 피하다

key point

「とっさ」는 「순간, 순식간」이라는 뜻을 가지고 있는데, 예를 들면 「とっさの機転:순간적인 기지」「とっさの出来事:순간적인 사건」이다.

(9) 4 もっぱら 오로지

다음주 시험을 앞두고, 오로지 공부에 전념하고 있다.

1 이렇게 늦을 리가 없는데, 아마 뭔가 사고라도 있었겠죠. → きっと 아마, 필시
2 정말로 쉽게 부서질 것 같은 장난감뿐이었다. → いかにも 자못, 정말로
3 아들은 2, 3년 전부터 늘 기침을 하고 있습니다. → しょっちゅう 늘, 항상

遅れる 늦다 事故 사고 壊れる 부서지다 息子 아들 咳 기침 控える 앞두다 専念 전념

key point

「온통」이라는 의미도 있는데, 예를 들면 「彼が転職するという噂がもっぱらだ:온통 그가 전직할 것이라는 소문이다」「もっぱらの評判:온통 나도는 평판」이다.

(10) 1 断言 단언

이번 프로젝트는 내가 한다고 단언해 버렸다.

2 그녀는 항상 사장님으로부터의 전언을 잊어버린다. → 伝言 전언
3 이 선전은 그다지 효과가 없었다. → 宣伝 선전
4 이 홈페이지는 저희 교회의 설교를 문장으로 정리한 것입니다. → 説教 설교

今度 이번 忘れる 잊다 効果 효과 教会 교회 文章 문장 まとめる 정리하다

key point

「言い切る」와 같은 표현이다. 다른 예문을 살펴보면, 「絶対に失敗すると断言した:절대 실패할 것이라고 단언했다」「本当に結婚しないと断言した:정말로 결혼하지 않는다고 단언했다」이다.

(11) 3 うっとうしい 울적하다(마음이나, 날씨), 거추장스럽다

울적한 날씨로, 컨디션도 좋지 않다.

1 외견과 내용물의 디자인은 그 용도가 다르므로 당연히 달라야만 한다. → 当然だ 당연하다
2 일본이 대지진으로 침몰한다고 하는 무서운 꿈을 꾸었다. → おっかない 두렵다, 미덥지 않다
4 이력서의 전화번호는 휴대전화 쪽이 바람직하다. → のぞましい 바람직하다

外見 외견 中身 내용물 用途 용도 違い 다른 점 異なる 다르다 ～てしかるべきだ ~하는 것이 당연하다 大地震 대지진 沈没 침몰 夢 꿈 体調 컨디션 履歴書 이력서 電話 전화

番号 전화번호 **携帯** 휴대

key point

「うっとうしい」는 「울적하다」와 「거추장스럽다」라는 의미를 공통적으로 사용하는 형용사이다. 「거추장스럽다」라는 의미의 예문을 보면, 「前髪がうっとうしくて切ってしまった:앞머리가 거추장스러워서 잘라 버렸다」이다.

(12) 2 **むなしい** 공허하다, 헛되다

회사를 위해 열심히 했는데 해고당했다. 공허한 일(쓸데없는 일)을 했다.

1 긴 노력의 보람도 없이 그다지 좋은 결과는 나오지 않았다. → **よい** 좋다

3 싫다라고 몇 번이나 말했는데 끈덕진 녀석이군. → **しつこい** 집요하다, 끈덕지다

4 혹독한 훈련 속에서 모두 땀투성이가 되었다. → **きびしい** 심하다, 엄격하다

努力 노력 **～かいもなく** ~보람도 없이 **結果** 결과 **首になる** 해고되다 **何回** 몇 번 **訓練** 훈련 **汗** 땀 **～まみれ** ~투성이

key point

「내용이 없다, 흔적이 없다」는 의미로도 사용된다. 예를 들면, 「むなしい演説にすぎない:내용이 없는 연설에 불과하다」「むなしい弁解:내용이 없는 변명」이다.

(13) 1 **所定** 소정

정답을 엽서로 보내 주신 분께 소정의 상품을 드리겠습니다.

2 한정판매이니 서둘러 주세요. → **限定** 한정

3 이 유럽 팀에는 일본인선수가 소속되어 있다. → **所属** 소속

4 무허가의 총기의 소지는 금지되어 있다. → **所持** 소지

正解 정답 **商品** 상품 **差し上げる** 「あげる-주다」의 겸양어 **販売** 판매 **急ぐ** 서두르다 **選手** 선수 **無許可** 무허가 **銃器** 총기 **禁じる** 금지하다

key point

「所定」은 「일정하게 정한 바」를 의미한다. 주로 「所定の手続き:소정의 절차」「所定の場所:소정의 장소」처럼 「所定+の+명사」라는 형식으로 사용된다.

(14) 2 **あえて** 굳이, 감히

내일 해도 좋으니 굳이 잔업 하지 않아도 좋다.

1 일찍이 없었던 일이었기 때문에 모두 깜짝 놀랐다. → **かつて** 일찍이

3 아버지가 그를 싫어하기 때문에 몰래 데이트를 하고 있다. → **ひそかに** 몰래

4 지금의 성적으로는 전혀 전망이 없다. → **てんで** 전혀

残業 잔업 **成績** 성적 **見込み** 전망

key point

같은 표현으로 「しいて」가 있는데, 「あえていえば=しいていえば:굳이 말하자면」이라는 표현도 알아둘 필요가 있다.

(15) 3 **控除** 공제

급료는 항상 소득세를 공제하고 나서 받는다.

1 중요한 정보가 포함된 파일을 깜박하여 삭제해버렸다. → **削除** 삭제

2 수업료 면제는 한정된 예산의 범위 내에서 실시됩니다. → **免除** 면제

4 그를 배제해서는 사건의 배후를 파악할 수 없다. → **排除** 배제

重要だ 중요하다 **情報** 정보 **含む** 포함하다 **うっかり** 깜박 **授業料** 수업료 **限る** 한정하다 **予算** 예산 **範囲内** 범위 내 **実施** 실시 **給料** 급료 **所得税** 소득세 **事件** 사건 **背後** 배후 **把握** 파악

key point

「控除:돈이나 수량 등을 빼는 것」을 의미한다. 다른 예문을 보면, 「衣料費が10万円を越えたので税金の控除を受けられる:의료비가 10만 엔을 넘었기 때문에 세금의 공제를 받을 수 있다」「勤労所得控除:근로소득공제」등이다.

(16) 1 **あせる** 조바심하다, 안달하다

안달해도 어쩔 수 없으니 차분하게 기다립시다.

2 비서를 불러서 서류를 가져오게 했다. → **とりよせた** 주문해서 가져오게 하다, 배달시키다

3 책을 넘기고 있는 사람이 야마다 선생님입니다. → **めくる** 책 등을 넘기다

4 입이 무거운 사람이니 비밀은 누설하거나 하지는 않습니다. → **もらす** 누설하다

仕方ない 어쩔 수 없다 **落ち着く** 안정되다, 진정되다 **秘書** 비서 **口がかたい** 입이 무겁다 **秘密** 비밀

key point

한자로는 「焦る」라고 하며, 다른 예문을 보면, 「あせるな！時間はたっぷりある:초조해 하지마! 시간은 많이 있어」「息子は合格の知らせをすぐ知りたくてあせっているようだった:아들은 합격의 소식을 바로 알고 싶어서 조바심 내고 있는 것 같았다」이다.

(17) 4 **とうとぶ** 존경하다

내가 존경하고 있는 사람은 아버지입니다.

1 정원에 있는 참새의 지저귀는 소리로 잠이 깼다. → **さえずる** 지저귀다

2 대학에서의 학비는 부모님이 보내주는 돈으로 조달하고 있습니다. → **まかなう** 꾸리다, 조달하다

3 구급대의 사이렌 소리가 도로에 울렸다. → **ひびく** 소리가 울

리다

庭 정원　声 소리　目が覚める 잠이 깨다　大学 대학　学費
학비　仕送り 부모가 보내주는 돈　救急隊 구급대　道路 도로

key point

같은 표현으로 「敬う」「尊敬する」가 있다. 다른 예문을 보면,
「お年寄りをとうとぶように教えられた:노인을 공경하도록
가르침을 받았다」이다.

(18) 4 とりつく 생각이 머리에서 떠나지 않다.

그의 죽음에 대한 의문이 머리에서 떠나지 않는다

1 그의 편지를 받자마자, 그녀는 달려나갔다. → 受け取る 받다,
인수하다

2 수업을 빼 먹고 경기를 보러 갔지만, 비로 취소되었다. → 取り
消す 취소하다

3 경찰관은 폭주족을 엄하게 단속했다. → 取り締まる 단속하다

手紙 편지　동사과거형+とたん ~하자마자　授業 수업　さ
ぼる 게을리 하다, 빼먹다　死 죽음　~に対しての ~에 대한
疑問 의문　離れる 떠나다　警察官 경찰관　暴走族 폭주족

key point

「착수하다, 시작하다」는 의미도 있는데, 예문을 보면, 「次に練
習問題にとりつくことにした:다음으로 연습문제를 하기로
했다」「フランス語はなかなかとりつきにくい:프랑스어는
상당히 시작하기 어렵다」이다.

(19) 2 採算 채산

채산성이 맞지 않아서 그만 두었다.

1 나의 계산을 이케다 씨가 대신 치러 주었다. → 勘定 계산

3 이 장사는 수지가 안 맞다. → 商売 장사

4 건축비 총액은 약 천만 엔으로 산출되었다. → 算出 산출

たてかえる 대신 값을 치르다　止める 그만두다　収支 수지
合う 맞다　建築費 건축비　総額 총액　約 약

key point

「採算」은 「이익이 있는지 어떤지, 수지를 계산해 보는 것」을 의
미하는데, 주로 「採算が合う」라는 표현으로 많이 사용된다.

(20) 1 用心 조심

친구는 조심성이 많은 사람이다

2 볼일이 있으니 오늘은 이쯤에서 돌아가겠습니다. → 用事 볼일

3 많이 준비했으니 이용해 주세요. → 用意 준비

4 중요한 것을 잊어버렸다. → 肝心だ 중요하다

辺 쯤, 부근　帰る 돌아가다, 돌아오다　もりだくさん 많이
利用 이용　忘れる 잊다

key point

「用心」은 직역을 하면 한국어로 성립되지 않는다. 「火の用心:불
조심」「用心深い人:조심성이 많은 사람」이라는 문장도 알아두

자.

(21) 3 ばてる 녹초가 되다

매일 계속되는 잔업으로 종업원 모두는 녹초가 되어 버렸다.

1 사람의 마음을 헤아리는 것은 어렵다. → はかる 예측하다, 짐
작하다

2 교수님은 역사에 대해서 언급했지만, 나는 흥미가 없었다. →
ふれる 언급하다

4 나무 뿌리가 10미터나 뻗어 있다. → はる 뻗다

心 마음　教授 교수　歴史 역사　興味 흥미　続く 계속되다
残業 잔업　従業員 종업원　木の根 나무뿌리

key point

「くたびれる」「ばてばてする」와 같은 표현이다. 다른 예문을
보면, 「暑さつづきでばててしまった:계속되는 더위로 녹초
가 되어버렸다」「猛訓練でついにばてた:맹훈련으로 마침내
녹초가 되었다」이다.

(22) 3 きっぱり 딱, 단호히

리포트를 대신해 달라고 부탁 받았지만 딱 거절했다.

1 대학 때의 애인이 잊어지지 않기에, 그녀는 여태껏 독신인 것이
다. → 未だに 여태껏

2 시민들은 정부의 무능을 향해 일제히 일어섰다. → いっせい
に 일제히

4 하루에 5시간도 자지 않고 공부한 덕분에 성적이 부쩍부쩍 올
라갔다. → ぐんぐん 부쩍부쩍

大学 대학　時代 시대　恋人 애인　忘れる 잊다　~ゆえに ~
인 이유로, ~고로　独身 독신　市民 시민　政府 정부　無能
무능　立ち上がる 일어서다, 봉기하다　頼む 부탁하다　断
る 거절하다　成績 성적　上がる 오르다

key point

「きっぱり」는 「태도를 분명히 하는 모습」을 나타낸다. 다른 예
문을 보면, 「きっぱりと…することを断る:단호히…하는 것
을 거절하다」「私はプロジェクトをきっぱりあきらめた:나
는 프로젝트를 단호히 포기했다」이다.

(23) 2 ややこしい 다소 복잡하다

이 컴퓨터의 네트 워크는 다소 복잡하다.

1 부장님은 변변한 식사도 못하고, 병과 싸우고 있다. → ろくだ
변변하다, 제대로 이다

3 온순한 그가 그렇게 화를 냈다니, 믿어지지 않는군. → おとな
しい 온순하다

4 축제가 끝난 마을은 아주 조용해졌다. → ひっそり 조용히, 고
요히

部長 부장　食事 식사　病気 병　戦う 싸우다　怒る 화를 내
다　信じる 믿다　静まり返る 아주 조용해지다

「ややこしい」는 「복잡하게 얽혀서 성가시다」는 뉘앙스이다. 다른 예문을 보면, 「二人の関係はややこしい:두 사람의 관계는 다소 복잡하다」「この小説のプロットはややこしい:이 소설의 줄거리는 다소 복잡하다」이다.

(24) 4 旧知 구지, 구면

그 와는 옛날부터 알고 있는 사이다.

1 어머니는 아이가 거짓말을 하고 있는 것을 알아챘다. → 察知 헤아려서 앎

2 그가 위원에 위촉되었다. → 委嘱 위촉

3 그녀는 항상 회사에 대한 푸념만 하기에 질리겠다. → 愚痴 푸념, 불만

嘘をつく 거짓말을 하다　委員 위원　会社 회사　うんざりする 질리다　間柄 관계, 사이

「旧知」는 「옛날부터 알고 있다」는 의미이다. 다른 예문을 보면, 「彼女とは旧知のような感じがした:그녀와는 옛날부터 알고 있는 느낌이 들었다」「一見旧知のように感じた:잠깐 봤는데 구면같이 느꼈다」이다.

(25) 1 余地 여지

신입사원이 한 말은 고려할 여지가 있었다.

2 장관은 개혁의 필요를 강조했다. → 強調 강조

3 마음에 여유를 가지기 위해서 중요한 것은 스트레스를 받지 않는 것이다. → 余裕 여유

4 당사자의 마음을 배려해서 발언해라. → 配慮 배려

新入社員 신입사원　考慮 고려　大臣 장관　改革 개혁　必要 필요　持つ 가지다　大事だ 중요하다　当事者 당사자　気持ち 마음　発言 발언

「余地」는 「빈 장소, 빈 땅」이라는 의미도 있다. 다른 예문을 보면, 「うちの敷地にはもう1軒家を建てるだけの余地がある:우리 집의 부지에는 한 채 더 집을 세울 만큼의 여지가 있다」「講演会場は立錐の余地もなかった:강연회장은 입추의 여지도 없었다」이다.

(26) 1 ゆすぐ 헹구다

술 냄새가 나서 입을 헹구었다.

2 그는 나이에 비해 늙어 보인다. → ふける 늙다

3 수업 벨이 울리자마자, 학생은 모두 책을 덮었다. → 閉じる 덮다

4 그는 교수의 지도 하에, 졸업논문을 겨우 완성했다. → 仕上げる 완성하다

酒 술　〜のわりに ~에 비해　授業 수업　鳴る 울리다　동사

과거형+かと思うと ~하자마자　教授 교수　指導 지도　卒業 졸업　論文 논문

한자로는 「濯ぐ」라고 쓰며, 명사로서 「濯ぎ:헹굼」도 같이 알아두자. 다른 예문으로 「油がついている皿を熱湯でゆすいだ:기름이 묻은 접시를 끓는 물로 헹구었다」이다.

(27) 2 趣旨 취지

회의를 여는 취지는 무엇입니까?

1 게임에는 흥미가 없으니, 친구가 어떤 게임을 하든지 말든지 알고 싶지 않다. → 興味 흥미

3 요청한 서류가 도달되었다. → 要請 요청

4 기획 단계에서 의견의 충돌이 있었다. → 企画 기획

동사의지형+が ~하든지 말든지　会議 회의　開く 열다　書類 서류　届く 배달되다　段階 단계　意見 의견　衝突 충돌

「趣旨」는 「일을 행하는데 있어서의 주된 생각이나 목표」라는 의미이다. 다른 예문을 보면, 「会社設立の趣旨を述べた:회사 설립의 취지를 말했다」, 「話の趣旨が伝わらなかった:이야기의 취지가 전해지지 않았다」이다.

(28) 3 遭難 조난

사고의 소식을 듣고, 그는 조난 현장으로 향했다.

1 완고한 아버지 때문에, 나의 귀가시간은 9시이다. → 頑固だ 완고하다

2 튼튼한 도구였는데 부서져 버렸다. → 頑丈だ 튼튼하다

4 태풍이 상륙할 우려가 있다고 들어, 해수욕장에서 철수했습니다. → 上陸 상륙

門限 귀가 시간　道具 도구　壊れる 부서지다　事故 사고　知らせ 소식　現場 현장　おもむく 향하다　台風 태풍　恐れ 우려　海水浴場 해수욕장　ひきあげる 되돌아오다, 철수하다

「遭難」은 「산이나 바다 등에서 목숨을 잃을 것 같은 위험을 당하는 것」을 의미이다. 주로 「遭難する」하는 형태로 많이 사용된다.

(29) 3 でくわす 우연히 만나다, 딱 마주치다

어제 신주쿠를 걷고 있었을 때에 믿을 수 없는 광경에 딱 마주쳤다.

1 여름방학에 일본에 여행가기 위해, 돈을 비축하고 있습니다. → たくわえる 비축하다

2 어깨 아래까지 머리가 길었다면, 고무로 묶는 편이 좋다. → たばねる 다발을 짓다, 묶다

4 무례했던 손님은 사과의 한 마디도 없이 떠났다. → たちさる

떠나다
夏休み 여름방학　旅行 여행　肩 어깨　髪 머리카락　伸びる 뻗다　歩く 걷다　信じる 믿다　光景 광경　無礼だ 무례하다　お客様 손님　お詫び 사과　一言 한마디

key point

「ばったり会う」「偶然会う」라고 표현할 수 있다. 다른 예문을 보면, 「街角で友人にでくわした:길모퉁이에서 친구를 우연히 만났다」「思わぬ混乱にでくわした:생각지도 않은 곤란에 직면했다」이다.

(30) 4 何気ない 아무렇지도 않다, 태연하다
선배의 아무렇지도 않은 한마디로 쇼크를 받았습니다.
1 일본이 대지진으로 침몰한다고 하는 무서운 꿈을 꾸었다. → おっかない 무섭다, 미덥지 않다
2 싫다라고 몇 번이나 말했는데 끈덕진 녀석이군. → しつこい 집요하다, 끈덕지다
3 이제 저속한 이야기는 그만 두세요. → いやしい 천하다, 저속하다
大地震 대지진　沈没 침몰　夢 꿈　何回 몇 번　先輩 선배
一言 한마디

key point

「さりげない」와 같은 표현으로서 「분명한 의도나 생각이 없이 행하는 모습」을 나타내며, 다른 예문을 보면, 「彼女に何気なく近づこうとした:그녀에게 태연하게 다가가려고 했다」「彼らの会話を何気なく聞いてしまった:그들의 대화를 아무 생각 없이 들어버렸다」이다.

(31) 1 ゆるやかだ 완만하다
완만하게 이대로 주가는 올라갈까요?
2 어정쩡한 마음으로는 전혀 하고 싶지 않다. → はんぱだ 어정쩡하다
3 이 세상에서 가장 훌륭하고 소중한 것은 자신이다. → とうとい 소중하다, 귀중하다
4 작은 구두를 신고 있으면 불편합니다. → きつい 사이즈가 작다
株価 주가　上がる 오르다　気持ち 마음　全然 전혀　この世 이 세상　偉い 훌륭하다　不便だ 불편하다

key point

「ゆるやか」는 「느슨하다, 잔잔하다」라는 의미도 있는데, 예문을 보면, 「取り締まりは非常にゆるやかだった:단속은 매우 느슨했다」「風がゆるやかに吹いている:바람이 잔잔하게 불고 있다」이다.

(32) 2 抗拒 항거

정부에 항거했지만 실패했다.
1 요시모토 씨의 책을 참조했다. → 参照 참조
3 이 클래스는 성적의 격차가 심하다. → 格差 격차
4 경찰의 정지 명령을 무시하고 달렸다. → 停止 정지
成績 성적　警察 경찰　命令 명령　無視 무시　走る 달리다

key point

「抗拒」는 「반항하며 방해하는 것」「저항해서 거절하는 것」을 의미한다. 그리고 「抗拒不能:저항불능」의 의미도 알아두어야 하는데, 「심리적·물리적으로 저항할 수 없는 상태」를 말한다.

(33) 4 測定 측정
측정이 불가능할 정도의 비가 내렸다.
1 하늘에서 유성이 관측되었다. → 観測 관측
2 밤에는 자동차의 속도 감각이 둔해진다. → 速度 속도
3 정해진 규칙은 반드시 지켜 주세요. → 規則 규칙
空 하늘　流れ星 유성　感覚 감각　鈍い 둔하다　決める 정하다　守る 지키다　降る 내리다

key point

「測定」은 「어떤 양의 크기를 기기나 장치를 이용해서 재는 것」이므로 「観測:관측」과는 다른 것이다. 다른 예로 「気温の変化を測定する:기온의 변화를 측정하다」이다.

(34) 1 残酷 잔혹
저 영화는 잔혹한 장면이 많다.
2 남의 물건을 훔치지 않도록 경고했다. → 警告 경고
3 자신의 적성에 딱 맞는 일을 찾는 것은 어려운 일이다. → 適性 적성
4 신체구속을 폐지했을 경우, 범죄는 엄청나게 늘지도 모른다. → 拘束 구속
映画 영화　場面 장면　盗む 훔치다　仕事 일　探す 찾다　難しい 어렵다　身体 신체　廃止 폐지　犯罪 범죄　増える 늘다

key point

「酷」이 들어가는 또 다른 명사, 「過酷:가혹-한자음은 과혹」이라는 단어도 알아두자. 다른 예문을 보면, 「残酷な刑罰:잔혹한 형벌」「残酷にも子供の夢を踏みにじった:가혹하게도 아이의 꿈을 유린했다」이다.

(35) 2 ことによると
안 온다고 했지만 어쩌면 올지도 모른다.
1 기자는 사고의 소식을 듣고 바로 현장에 달려갔다. → すぐ 바로
3 심술궂은 야마다 씨는 뭐든지 반대하는 경향이 있다. → 何もかも 뭐든지
4 당신이 말해 보았자 절대 듣지 않을 것이다. → 絶対 절대

記者 기자　事故 사고　知らせ 소식　現場 현장　意地悪だ 심술궂다　反対 반대　〜きらいがある ~경향이 있다　동사 과거형+ところで ~해 보았자

같은 표현으로「事と次第では」「もしかすると」「事によったら」「ひょっとすると」가 있다.

(36) 1 かまける 정신이 팔리다
온라인게임에 정신이 팔려서 숙제를 완전히 잊어버렸다.
2 무거워 보이네요. 저에게도 짐을 옮기게 해 주세요. → 運ばせる 운반하게 하다
3 학생, 선생님이 교실에 들어왔을 때에는 자리에 앉아 있어야만 합니다. → 席につく 자리에 앉다
4 회화의 내용은, 실제의 자신의 생활에 입각하여 진행해 간다. → 即する 입각하다
オンラインゲーム 온라인 게임　宿題 숙제　重い 무겁다　荷物 짐　教室 교실　〜べきだ ~해야만 한다　会話 회화　内容 내용　実際 실제　進める 진행하다

「かまける」는「얽매이다」라는 의미도 있는데, 예를 들면,「仕事にかまける:일에 얽매이다」「あなたにばかりかまけてもいられない:당신한테만 얽매이고 있을 수도 없다」이다.

(37) 3 騒然 뒤숭숭함, 어수선함
작년은 재작년 이상으로 뭔가 사회가 어수선한 1년이었던 기분이 듭니다.
1 동결로(얼어붙어서) 넘어졌다고 생각했는데, 단순히 넘어진 것이었습니다. → 単純 단순
2 지망한 대학에 합격했다. → 志望 지망
4 야마다 씨에게 맡기면 안심할 수 있다. → 安心 안심
凍結 동결　こける 넘어지다　〜と思いきや ~라고 생각했는데　転倒 넘어짐　大学 대학　合格 합격　一昨年 재작년　〜にもまして ~보다 더, ~이상으로　気がする 느낌이 들다　安心 안심

「騒然」은「떠들썩함」이라는 의미도 있는데, 예를 들면,「場内は騒然としていて先生の話が聞き取れなかった:장내는 떠들썩해서 선생님의 이야기를 들을 수 없었다」이다.

(38) 2 さぞ 아마, 필시
아이들은 선물을 받아서 아마 기쁠 것이다.
1 여행 처에서 갑자기 비가 왔다. → 突然 갑자기
3 그녀는 이전에는 정말로 미인이었음이 틀림이 없다. → いかにも 자못, 정말로
4 다음주 시험을 앞두고, 오로지 공부에 전념하고 있다. → もっ

ぱら 오로지
旅行先 여행 처　嬉しい 기쁘다　以前 이전　美人 미인　〜に違いない ~임이 틀림없다　来週 다음주　試験 시험　控える 앞두다　専念 전념

「さぞ」는 반드시「추측이나 양태」의 표현과 사용되어야 한다. 같은 의미로「さぞかし」「さぞや」가 있다.

(39) 1 なまじ〜 어설픈~
이 프로젝트를 성공시키기 위해서는, 어설픈 능력으로는 안 된다.
2 패한다는 것을 알면서, 굳이 도전하는 것은 왜일까? → あえて 굳이, 감히
3 상사의 어드바이스가 오히려 스트레스가 되는 경우도 있다. → かえって 오히려
4 자신의 일도 변변히 못 하다니 한심스럽다. → ろくに 변변히
成功 성공　동사기본형+には ~하기 위해서는　能力 능력　負ける 패하다　挑戦 도전　上司 상사

「なまじ」는「완전하지 않은 어설픈 상태」를 나타내는데, 다른 예문으로「なまじの処置:어설픈 처치」「なまじの知識:어설픈 지식」「なまじの同情:어설픈 동정」이다.

(40) 2 油断 방심
경찰의 방심으로 범인은 도망가 버렸다.
1 여름에, 전철 안에서 다른 사람과 접촉하면 싫습니다. → 接触 접촉
3 세세한 일로 옥신각신한 두 사람은 결국 헤어지게 되었다. → ごたごた 말썽, 분규, 옥신각신
4 남의 물건을 훔치지 않도록 경고했다. → 警告 경고
夏 여름　電車 전철　警察 경찰　犯人 범인　細かい 잘다, 세세하다　結局 결국　別れる 헤어지다　盗む 훔치다

직역을 하면 한국어로 성립이 되지 않는다. 그리고「油断は禁物:방심은 금물이다」라는 표현도 알아 두자.

(41) 4 つつむ 둘러싸다
쾌적한 생활환경에 둘러싸인 안전한 마을을 만듭시다.
1 갑작스런 일이지만, 오늘을 끝으로, 편집부를 떠나게 되었습니다. → 去る 떠나다
2 우리 집 아이는 항상 문제의 원인을 뿌린다. → まく 뿌리다
3 업자가 철수한 후, 문제가 발견되었다. → ひきあげる 되돌아오다, 철수하다
突然 돌연　本日 오늘　〜を限りに ~을 끝으로　編集部 편집부　たね 원인　業者 업자　後 뒤　問題 문제　見つける

발견하다　**快適だ** 쾌적하다　**環境** 환경

key point

「つつむ」는 「포장하다」는 의미도 가지고 있다. 그리고 「둘러싸다」라는 의미로 사용될 때는 같은 표현으로 「囲む」가 있다.

---

(42) 3 頑固だ 완고하다

완고한 사람은, 역시 노인이 많다고 생각합니다.

1 튼튼한 도구였는데 부서져 버렸다. → **頑丈だ** 튼튼하다

2 염원한 대로 아들은 박사가 되었다. → **念願** 염원

4 충돌을 경고하는 자동차는 이미 있습니다. → **衝突** 충돌

道具 도구　**壊れる** 부서지다　**息子** 아들　**博士** 박사　**お年寄り** 노인　**警告** 경고　**車** 자동차　すでに 이미

key point

같은 표현으로 「頭が固い:보수적이다」「保守的:보수적」이며, 이 문장에서의 같은 표현으로는 「厳格:엄격」이다.

---

(43) 4 究明 규명

경찰은 사고의 원인을 규명했다.

1 당사는 학력보다 실력을 우선합니다. → **優先** 우선

2 그는 동서문화를 융합시킨 인물이다. → **融合** 융합

3 불경기로 인원이 감원되었다. → **減員** 감원

当社 당사　**学歴** 학력　**実力** 실력　**東西** 동서　**文化** 문화　**人物** 인물　**不景気** 불경기　**人員** 인원　**警察** 경찰　**事故** 사고　**原因** 원인

key point

「究明」은 「도리나 진리를 밝히는 것」을 나타내며, 다른 예문으로 「原因を徹底的に究明すべきだ:원인을 철저하게 구명해야만 한다」「科学者たちは癌の原因を究明中だ:과학자들은 암의 원인을 구명 중이다」이다.

---

(44) 4 まぬがれる 면하다

이유는 여하튼 간에 책임은 면할 수 없을 것이다.

1 거래처에 요청한 서류가 도달되었다. → **届く** 배달되다, 도달되다

2 주민의 불안을 아랑곳하지 않고, 그곳에 석유공장의 건설이 진행되고 있다. → **進む** 진행되다

3 러시아워를 피해서 가기로 했다. → **避ける** 피하다

取引先 거래처　**要請** 요청　**書類** 서류　**住民** 주민　**不安** 불안　**~をよそに** ~을 아랑곳하지 않고　**石油** 석유　**工場** 공장　**建設** 건설　**理由** 이유　**責任** 책임

key point

한자로서는 「免れる」라고 하며, 다른 예문으로 「彼の家は焼失を免れた:그의 집은 소실을(불에 타서 없어지는 것) 면했다」「地震で崩壊を免れた家は村に1軒もなかった:지진으로 붕괴를 면한 집은 마을에 한 채도 없었다」가 있다.

---

(45) 3 描写 묘사

풍경을 충실히 묘사한 그림이다.

1 복지 제도가 잘 발전된 나라이다. → **発展** 발전

2 가는지 안 가는지, 빨리 답변을 해라. → **返事** 답변

4 메이지 헌법은 독일 헌법을 참고로 해서 만들어졌다고 일컬어지고 있다. → **参考** 참고

福祉 복지　**制度** 제도　**~にしても~にしても** ~하든지~하든지　**風景** 풍경　**忠実** 충실　**絵** 그림　**憲法** 헌법

key point

「描写」는 경우에 따라 「表現:표현」「描き出す:그려내다」와 같은 표현이 될 수 있고, 다른 표현으로 「事実的な描写:사실적 묘사」「心理描写:심리묘사」가 있다.

---

(46) 2 いきぐるしい 숨쉬기 어렵다, 갑갑하다

공부하려고 해도 할 수 없다. 방안이 더워서 숨쉬기 어렵기 때문이다.

1 이 지방은 가을이 되면 단풍놀이를 하는 사람들로 북적거린다 → **にぎやかだ** 번화하다, 북적거리다

3 누구라도 손쉽게 만들 수 있는 간단한 것입니다. → **てがるだ** 손쉽다

4 사람들 앞에서 사랑한다고 들어 쑥스럽다고 생각했다. → **くすぐったい** 간지럽다, 쑥스럽다

地方 지방　**秋** 가을　**~ともなると** ~가 되면 당연히　**紅葉狩り** 단풍놀이　동사의지형+**にも** ~하려고 해도　**簡単だ** 간단하다　**愛する** 사랑하다

key point

한자로서는 「息苦しい」인데, 한자를 보면 그 의미를 유추할 수 있을 것이다. 다른 예문으로 「事務所は暑くて息苦しかった:사무실은 더워서 숨쉬기가 어렵다」「息苦しい雰囲気:갑갑한 분위기」이다.

---

(47) 1 真相 진상

사건의 진상을 구명하기 위해, 특별위원회가 구성되었다.

2 억지로 해 버리면 반발을 불러일으킨다. → **反発** 반발

3 모두 음악에 맞추어 경쾌한 발걸음을 했다. → **軽快だ** 경쾌하다

4 아들은 남의 이야기를 듣지 않는 경향이 있다. → **傾向** 경향

事件 사건　**究明** 구명　**委員会** 위원회　**構成** 구성　**無理やりに** 억지로, 강제로　**呼び起こす** 불러일으키다　**音楽** 음악　**合わせる** 맞추다　**足どり** 발걸음　**息子** 아들

key point

「真相」은 「사건 등의 진짜 사정」을 의미하며, 다른 예문으로 「真相を明らかにする:진상을 밝히다」「真相を暴露する:진상을 폭로하다」이다.

(48) 3 的確だ 정확하다

선배의 정확한 조치에 놀랐다.

1 감독관에게 부정행위가 적발되었다. → 摘発 적발

2 새로운 환경에 적응하는 것은 시간이 걸린다. → 適応 적응

4 기획에 대한 문제점이 몇 갠가 지적 당했다. → 指摘 지적

監督官 감독관　不正行為 부정행위　環境 환경　先輩 선배
措置 조치　驚く 놀라다　企画 기획　問題点 문제점

key point

「的確」은 직역을 하면 한국어에 없는 표현이고, 「正確:정확-주로 숫자적인 개념」과 구별하도록 하자. 다른 예문으로 「意図を的確に伝える:의도를 정확히 전하다」「的確な判断:정확한 판단」이 있다.

(49) 2 シュレッダー 문서절단기

문서절단기로 자른 종이는 「가연성쓰레기」로서 배출하고 있습니다.

1 그녀로부터 편지를 받아서 매우 기뻤다. → 手紙 편지

3 아무리 재촉해도 답변이 없어서 포기했다. → 返事 답변

4 다음주까지 조사하고, 리포트를 제출해 주세요. → レポート 리포트

嬉しい 기쁘다　紙 종이　燃える 타다　催促 재촉　あきらめる 포기하다　調べる 조사하다

key point

「シュレッダー」는 영어도 「shredder」이다. 이 어휘는 단순히 그냥 외울 수밖에 없다. N1에서는 간혹 어려운 가타카나도 많이 출제가 된다.

(50) 1 セレブ 유명인, 저명인

A급 유명인이 모이는 할리우드의 파티에는 매스컴 관계자도 많았다.

2 아프리카의 어떤 나라에서 반란이 일어났다. → 反乱 반란

3 배기가스가 이 마을에 넘치고 있다. → 排気 배기

4 일본어를 공부했던 동기는 무엇입니까? → 動機 동기

集う 모이다, 회합하다　関係者 관계자　起きる 일어나다
あふれる 넘치다

key point

「セレブ」는 영어로 「celeb」이며, 「セレブリティ(celebrity)」와 같은 의미이다. 주로 「유명한 사람이나 명사(名士)」를 의미한다.

(51) 1 衰退 쇠퇴

텔레비전이 보급됨에 따라, 영화는 쇠퇴했다.

2 중요한 회의가 있다고 해도 또 지각하는 꼴이다. → ～始末だ ～하는 꼴(형편)이다

3 시합에 임함에 있어서, 상대의 약점을 철저하게 연구했다. → 弱点 약점

4 이 구두는 좀 작아서, 걷기 불편하다. → きゅうくつだ 비좁다, 작다, 옹색하다

普及 보급　大事 중요함　会議 회의　遅刻 지각　試合 시합
臨む 임하다　相手 상대　徹底的だ 철저하다　靴 신발, 구두
歩く 걷다

key point

「衰退」는 「凋落」과 같은 의미이며, 동사로는 「衰える:쇠퇴하다」라고 한다. 다른 예문으로 「自動車産業が衰退する:자동차 산업이 쇠퇴하다」「保守党は徐々に衰退しつつある:보수당은 서서히 쇠퇴하고 있는 중이다」이다.

(52) 4 すじ 소식통

확실한 소식통으로부터의 정보입니다.

1 감독상을 받은 그는 국민에게 영광을 돌렸다. → はな 꽃, 영광

2 그가 한 일은 심각한 문제였다. → 問題 문제

3 지붕 밑에서 비를 피했다. → 屋根 지붕

監督賞 감독상　国民 국민　深刻だ 심각하다　雨宿り 비를 피함　確実だ 확실하다　情報 정보

key point

「すじ」는 「소식통 외에 정보통, 핏대, 혈통, 줄거리, 소질」라는 의미도 가지고 있다. 예문을 보면, 「芸のすじがいい:예술의 소질이 있다」「すじを立てる:핏대를 세우다」이다.

(53) 2 精密 정밀

이 기계는 정밀하게 제작되었다

1 아이를 위한 책상을 제작하고 있다. → 製作 제작

3 방이 아직 정리되어 있지 않다. → 整理 정리

4 성능이 좋은 차를 갖고 싶다. → 性能 성능

机 책상　機械 기계　製作 제작

key point

「精密」의 또 다른 예문을 보면, 「精密な機器:정밀한 기기」「精密な測定:정밀한 측정」「精密な検査:정밀한 검사」이다.

(54) 4 つぐない 보상, 속죄

죄의 보상으로서 돈으로 변상했다.

1 그녀는 데뷔하자마자, 바로 스타가 되었다. → スター 스타

2 판결은 사실에 입각하여 내려져야 한다. → 事実 사실

3 원가를 뺀 이익은 얼마 되지 않았다. → 利益 이익

동사기본형+やいなや ～하자마자　判決 판결　～に即して ～에 입각하여　下ろす 내리다　元値 원가　わずか 불과　罪 죄
弁償 변상

key point

한자로는 「償い」라고 쓴다. 다른 예문을 보면, 「君の本を汚した償いに新しいのを買ってきた:너의 책을 더럽힌 변상으로 새 책을 사 왔다」「借りた車を壊したら償いをするのが当然だ:빌린 자동차를 고장 내었으면 변상을 하는 것이 당연하다」이다.

(55) 2 かかえる 감싸 쥐다

과장님의 유머에 모두 배를 쥐고 웃었다.

1 실례합니다. 저기에 있는 간장을 집어 주지 않겠습니까? → とる 집다, 잡다

3 애인끼리는 떨어져 있으면 마음이 멀어질 경우도 있다. → へだたる 사이가 떨어지다, 멀어지다

4 그는 베테랑 선수의 관록을 나타내었다. → 示す 나타내다

醤油 간장   課長 과장   お腹 배   同士 같은 무리, 끼리   離れる 떨어지다   選手 선수   貫禄 관록

key point

「かかえる」는 「고용하다, 거느리다」는 의미도 있는 예문을 보면, 「運転手をかかえる:운전사를 고용하다」「大勢の家族をかかえている:많은 가족을 거느리고 있다」이다.

(56) 4 見晴らし 전망, 조망

전망이 좋은 자리를 예약했다.

1 원점으로 되돌아가 다시 시작했다. → 出直し 다시 시작함

2 모처럼의 여행이 큰비로 엉망이 되어 짜증난다. → 台無し 엉망이 됨

3 고등학교 시절로 되돌아갈 수 있다면 다시 시작하고 싶은 것이 많이 있다. → やり直す 다시 하다

原点 원점   戻る 되돌아가다   せっかく 모처럼   旅行 여행   大雨 큰비   高校時代 고등학교 시절   席 자리   予約 예약

key point

「展望:전망」「景色:경치」「眺め:전망, 조망」과 같은 의미이며, 일반적으로 「見晴らしがよくない:전망이 좋지 않다」라는 형식으로 많이 사용된다.

(57) 3 嘱望 촉망

저 아이는 머리가 좋아서 장래가 촉망되고 있다.

1 환자와의 접촉을 제한하겠습니다. → 接触 접촉

2 가게에 장식된 것은 수입품이었다. → 装飾 장식

4 그가 위원에 위촉되었다 → 委嘱 위촉

病人 환자   制限 제한   輸入品 수입품   将来 장래   委員 위원

key point

「嘱望」은 「어떤 사람의 장래에 희망을 거는 것」을 의미하는데, 주로 「嘱望される:촉망 받다」라고 수동형으로 사용되는 경우가 많다.

(58) 2 境地 경지

10년 간 수행한 그는 깨달음의 경지에 달했다.

1 사태가 원만히 해결되면 좋은데. → 事態 사태

3 그는 재고의 여지를 남겨 두었다. → 余地 여지

4 부장님의 이야기의 취지가 전해지지 않았다. → 趣旨 취지

円満 원만   済む 해결되다   修行 수행   悟り 깨달음   達する 달하다   再考 재고   残す 남기다   部長 부장   伝わる 전해지다

key point

「境地」는 「어떤 단계에 도달한 마음의 상태」를 의미하는데, 다른 예문을 보면, 「聖人の境地:성인의 경지」「無我の境地:무아의 경지」이다.

(59) 3 褒美 칭찬하며 주는 금품, 포상, 상

열심히 한 자신에 대한 포상으로서 호화로운 식사를 하러 가기로 했다.

1 공중도덕의 흐트러짐이 사회적인 문제가 되었다. → 道徳 도덕

2 우리들 일본인은 겸양의 미덕이라는 가치관을 가진 민족입니다. → 美徳 미덕

4 그녀는 얼굴뿐만 아니라 마음까지 미인입니다. → 美人 미인

公衆 공중   乱れ 흐트러짐   社会的 사회적   我々 우리들   謙譲 겸양   価値観 가치관   民族 민족   頑張る 열심히 하다   豪華 호화   食事 식사   顔 얼굴   心 마음

key point

「褒美」는 직역을 하면, 한국어에 없는 단어이므로 반드시 암기하도록 하자. 다른 예문을 보면, 「手伝ってくれた褒美にプレゼントを娘にやるつもりだ:도와준 포상으로 선물을 딸에게 줄 생각이다」「褒美として時計をあげる:상으로서 시계를 주다」이다.

(60) 2 のぞましい 바람직하다

사회인으로서 바람직한 태도입니다.

1 이 향기는 내가 좋아하는 것입니다. → 好きだ 좋아하다

3 부모님께서 돌아가셔서 괴로운 나날을 보내고 있다. → 悩ましい 괴롭다, 고민스럽다

4 전쟁에서 모두 적과 용감하게 싸웠다. → 勇ましい 용감하다

香り 향기   社会人 사회인   態度 태도   親 부모   亡くなる 돌아가시다   日々 나날   送る 보내다   戦争 전쟁   敵 적   たたかう 싸우다

key point

한자로는 「望ましい」라고 쓰며, 다른 예문으로 「規則に従うのが望ましい:규칙을 따르는 것이 바람직하다」「双方の譲歩が望ましい:쌍방의 양보가 바람직하다」이다.

(61) 3 誇張 과장

그는 타고난 스포츠맨이라고 해도 과장이 아니다.

1 매년 몇 갠가의 마을이 시에 편입되어 간다. → 編入 편입

2 사업을 해외로 확장했다. → 拡張 확장

4 당시 그 나라는 영토를 확장했었다. → 拡張 확장

毎年 매년 　市 시 　事業 사업 　海外 해외 　天性 천성, 타고남
当時 당시 　国 나라 　領土 영토

「誇張」을 사용하는 다른 예문을 보면, 「…といっても誇張ではない:…라고 해도 과장은 아니다」「事実を誇張する:사실을 과장하다」「誇張しすぎる:지나치게 과장하다」이다.

(62) 1 おのおの 제각각

사람은 제각각 생각이 다르다.

2 여름방학이 시작되어 아이들은 신나 있다. → わくわく 신난 모습, 들뜬 모습

3 산 중턱의 작은 돌이 데굴데굴 떨어졌다. → ごろごろ 데굴데굴

4 바늘로 종이에 다닥다닥 구멍을 뚫었다. → ぶつぶつ 다닥다닥

考え 생각 　異なる 다르다 　夏休み 여름방학 　始まる 시작되다 　山腹 산의 중턱 　小石 작은 돌 　落ちる 떨어지다 　針 바늘 　紙 종이 　穴 구멍

한자로는 「各々」라 쓰며, 「めいめい」「それぞれ」와 같은 의미이다. 다른 예문을 보면, 「私たちはおのおの千円ずつ払った:우리들은 제각각 천 엔씩 지불했다」「人には各々長所と短所がある:사람에게는 제각각 장점과 단점이 있다」이다.

(63) 3 けむたい 거북하다

나에게 있어서 그는 거북한 존재이다.

1 이 카레라이스는 너무 맵다. → からい 맵다

2 오랜 세월 살아서 정든 집을 파는 것은 슬픈 일이었다. → かなしい 슬프다

4 선생님의 설명은 매우 어려웠다. → むずかしい 어렵다

長年 오랜 세월 　住み慣れる 살아서 익숙해지다 　売る 팔다 　存在 존재 　説明 설명

한자로는 「煙たい」라고 쓰며, 「관계가 거북하다」는 의미이고, 「눈이 맵다」는 의미도 있다. 「煙い」와 같은 표현으로서, 예문을 보면 「煙たくて涙が出た:눈이 매워서 눈물이 나왔다」이다.

(64) 4 詳細 상세

사고를 상세하게 보고했다.

1 나의 오랜 세월의 꿈이 달성되었다. → 達成 달성

2 그 환자는 정밀검사를 받았다. → 精密 정밀

3 누군가가 서류에 낙서를 한 것임이 틀림없다. → 落書き 낙서

長年 오랜 세월 　夢 꿈 　患者 환자 　検査 검사 　受ける 받다 　書類 서류 　〜にちがいない ~임이 틀림없다 　事故 사고 　報告 보고

일반적으로 「상세한 것은」이라는 표현은 「詳細は」 내지 「詳しくは」라고 표현한다. 다른 예문을 보면, 「君の意見を詳細に説明しなさい:너의 의견을 상세히 설명해라」이다.

(65) 1 いまにも 당장에라도

당장에라도 죽을 듯이 위의 아픔을 호소했다.

2 여태껏 첫 사랑의 그녀가 잊혀지지 않는다. → いまだに 여태껏

3 언제든지 좋을 때 오세요. → いつでも 언제든지

4 지금 현재는 모든 것이 순조롭다. → いまのところ 지금 현재

死ぬ 죽다 　胃 위 　痛み 아픔 　訴える 호소하다, 고소하다 　初恋 첫사랑 　忘れる 잊다 　順調 순조

다른 예문을 보면, 「いまにも雨が降りそうだ:당장이라도 비가 내릴 것 같다」「彼女はいまにも泣き出しそうだ:그녀는 당장이라도 울음을 터뜨릴 것 같다」처럼, 주로 「いまにも〜そうだ」라는 용법으로 많이 사용된다.

(66) 3 従来 종래

종래의 방법으로는 효율이 너무 나쁘다.

1 이 말의 유래를 알고 있는 학자는 없었다. → 由来 유래

2 꽃놀이 시기가 도래했습니다. → 到来 도래

4 접객업에 종사하고 있는 분에게 상담이 있습니다. → 従事 종사

言葉 말 　学者 학자 　お花見 꽃놀이 　時期 시기 　接客業 접객업 　相談 상담

「従来」는 「이전부터 지금까지」라는 의미이며, 다른 예문을 보면, 「従来のとおり:종래 대로」「従来の方式:종래의 방식」처럼 주로 「従来の+명사」로 많이 사용된다.

(67) 2 ものものしい 삼엄하다

공항은 테러경계로 삼엄한 경비였다.

1 아침과 밤은 자동차의 통행량이 줄어서 상쾌한 공기였다. → すがすがしい 상쾌하다, 시원하고 개운하다

3 이곳은 도로를 접하고 있어서 좀 시끄럽습니다. → そうぞうしい 시끄럽다

4 내가 아무리 뻔뻔해도 빚은 너에게 부탁할 수 없다. → ずうずうしい 뻔뻔하다

朝 아침 　夜 밤 　通行量 통행량 　減る 줄다 　空気 공기 　空

港 공항　警戒 경계　警備 경비　道路 도로　面する 면하다
借金 빚　頼む 부탁하다

key point

「ものものしい」는「과장되다, 어마어마하다」라는 의미도 있는데, 다른 예문을 보면,「あの人はいつもものものしい話し方をする:저 사람은 항상 과장되게 말을 한다」「ものものしい地位:엄청난 지위」이다.

---

(68) 4 範囲 범위

오늘의 토론은 범위를 정하지 말고 진행합시다.

1 원자력발전소 주위의 주민들에게 피난지시가 나왔다. → 周囲 주위

2 어제 시험의 모범해답은 그가 가지고 있다. → 模範 모범

3 젊은이의 규범의식이 저하되었다고 일컬어지고 있다. → 規範 규범

原子力 원자력　発電所 발전소　住民 주민　避難 피난　指示 지시　解答 해답　若者 젊은이　意識 의식　低下 저하　議論 토론　決定 결정　進める 진행하다

key point

「範囲」가 들어가는 다른 예문을 보면,「警察は広範囲な調査を始めた:경찰은 광범위한 조사를 시작했다」「勢力範囲を広げる:세력범위를 넓히다」이다.

---

(69) 1 ゆさぶる 흔들다, 동요시키다

스모 선수는 거대한 몸을 앞뒤로 흔들면서 걸었다.

2 빌딩에 결함이 있는 것인지, 같은 층을 사람이 달리는 것만으로 흔들립니다. → ゆれる 흔들리다

3 동북 관동대지진 이후, 지진도 아닌데 흔들리고 있는 느낌이 든다. → ゆれる 흔들리다

4 움직이고 있는 전철 안에서 똑바로 서는 것은 상당히 어렵다. → 動く 움직이다

お相撲さん 스모 선수　巨体 거체　前後 전후　歩く 걷다　欠陥 결함　走る 달리다　関東 관동　大震災 대지진　以降 이후　地震 지진　感じ 느낌　電車 전철　難しい 어렵다

key point

한자로는「揺さぶる」라고 쓰며, 다른 예문을 보면,「彼の突然の解任は会社を揺さぶった:그의 갑작스런 해임은 회사를 동요시켰다」「木の枝を揺さぶった:나뭇가지를 흔들었다」이다.

---

(70) 2 むやみに 무턱대고, 함부로

지진이 일어나면 함부로 움직이지 않도록 해 주세요.

1 일찍이 없었던 일이었기 때문에 모두 깜짝 놀랐다. → かつて 일찍이

3 굳이 말하자면 나는 영어보다 일본어 쪽을 좋아한다. → あえて 굳이, 감히

---

4 누가 뭐라고 해도 나는 매우 평범한 사람입니다. → いたって 매우, 몹시

地震 지진　起きる 일어나다　動く 움직이다　英語 영어　日本語 일본어　平凡だ 평범하다

key point

「やたらに」와 같은 의미이며, 다른 예문을 보면,「人をむやみに信じてはいけない:사람을 무턱대고 믿어서는 안 된다」「むやみに爆撃した:무차별적으로 폭격했다」이다.

---

(71) 3 激励 격려

회장은 사원 모두를 격려했다.

1 정부는 추위에 강한 품종을 장려했다. → 奨励 장려

2 캔 커피를 한 캔 10엔으로 판매하고 있는 가격파괴 자동판매기가 있었다. → 激安 가격파괴, 싼 가격

4 선생님은 아이들에게 독서를 장려했다. → 奨励 장려

政府 정부　強い 강하다　品種 품종　缶コーヒー 캔 커피　販売 판매　自動販売機 자동판매기　会長 회장　社員 사원　読書 독서

key point

「激励する」와 같은 표현으로「励ます」가 있다. 다른 예문을 보면,「激励の手紙:격려의 편지」「激励の言葉:격려의 말」등이 있다.

---

(72) 4 あゆみ 걸음

요시다 씨, 잠시 걸음을 멈추고 싶다.

1 그의 일에 대한 각오를 느꼈다. → いきごみ 기세, 패기, 각오

2 예산과의 관계가 있어서 실현은 어렵다. → からみ 얽힘, 관계됨

3 청중은 그에게 아낌없는 박수를 보냈다. → おしみ 아쉬워함

仕事 일　感じる 느끼다　予算 예산　実現 실현　難しい 어렵다　聴衆 청중　拍手 박수　送る 보내다　一休み 잠시 쉼

key point

「歩む:걷다」라는 동사에서「歩み:걸음」이 만들어진 것이다. 그리고「경과, 진행」이라는 의미도 있는데, 예문을 보면,「歴史の歩みを考える:역사의 발걸음을 생각하다」이다.

---

(73) 4 督促 독촉

수업료를 체납했더니 독촉 받았다.

1 뇌랑 몸의 노화를 촉진시키는 원인이 밝혀졌다. → 促進 촉진

2 의심스러운 인물이 오지 않는지 창문을 잘 감시해 주세요. → 監視 감시

3 무역 확대의 제안이 가결되었다. → 提案 제안

脳 뇌　体 몸　老化 노화　原因 원인　明らかだ 명확하다　怪しい 의심스럽다　人物 인물　窓 창문　貿易 무역　拡大 확대　可決 가결　授業料 수업료　滞納 체납

동사로서는 「促す:재촉하다, 독촉하다」라고 한다. 다른 예문을 보면 「彼は税金の督促を受けた:그는 세금의 독촉을 받았다」 「家主は彼に家賃を督促した:집주인은 그에게 집세를 독촉했다」이다.

(74) 2 いかめしい 위엄이 있다

할아버지의 사진을 보면 어느 것이나 전부 위엄이 있는 표정을 짓고 있다.

1 그는 항상 상사에게 아부만 해서 역겹다. → いやらしい 불쾌감이 들다, 징그럽다

3 그녀는 항상 천한 옷차림을 하고 있어서 부모님께 혼난다. → いやしい 천하다

4 세찬 빗속을 아이 혼자서 걸어왔다. → はげしい 세차다, 격렬하다

上司 상사　お世辞を言う 아부를 하다　祖父 할아버지　写真 사진　身なり 옷차림　親 부모　怒る 화를 내다　雨 비　歩く 걷다

「厳めしい」라고 쓰며, 「으리으리하다, 삼엄하다」는 의미도 있다. 예문을 보면, 「いかめしい警備:삼엄한 경비」「いかめしい屋敷:으리으리한 저택」이다.

(75) 4 いたる 이르다

자식이 가출을 함에 이르러 비로소 부모는 아이를 심하게 꾸짖은 것을 알아차렸다.

1 국경을 침범한 병사는 총살당했다. → おかす 침범하다

2 어제의 수학문제가 계속 머리에 남아 있다. → とりつく 생각이 머리에서 떠나지 않다

3 이것은 나라의 명예에 관련된 문제다. 이대로 침묵하고는 있을 수 없다. → かかわる 관련되다

国境 국경　兵士 병사　銃殺 총살　数学 수학　名誉 명예　黙る 침묵하다　家出 가출　～てはじめて ~해서 비로소　叱る 꾸짖다　気づく 알아차리다

「至る」라고 쓰며, 「～にいたって:~에 이르러」「～にいたるまで:~에 이르기까지」「～にいたる:~에 이르는, ~에 이르다」도 같이 알아두자.

(76) 3 厳選 엄선

이 상품은 엄선된 것이다.

1 아버지는 아이들에게 대해서 엄격하다. → 厳格 엄격

2 이 이상 선택의 여지는 없다. → 選択 선택

4 그가 정의감이 강한 것은 엄격한 아버지에게 길러졌기 때문이다. → 厳格 엄격

父 아버지　以上 이상　余地 여지　商品 상품　正義感 정의감　父親 아버지　育てる 키우다

「厳選」은 「엄격한 기준으로 뽑아내다」는 의미로, 다른 예문을 보면, 「彼はその任務のため自ら3人を厳選した:그는 그 임무를 위해서 스스로 3명을 엄선했다」「厳選の結果:엄선한 결과」이다.

(77) 1 ふれる 접하다

옛날과 비교해, 외국어를 접할 기회는 급격히 늘었다.

2 우리 회사는 도로를 접하고 있다. → 面する 면하다, 마주보다, 직면하다

3 지금 회사는 위험에 직면해 있다. → 面する 면하다, 마주보다, 직면하다

4 태풍은 시속 90킬로로 큐슈로 향하고 있다. → 向かう 향하다

昔 옛날　比べる 비교하다　機会 기회　格段 급격　増える 늘다　道路 도로　危険 위험　台風 태풍　時速 시속

「ふれる」는 「언급하다, 건드리다」는 의미도 있는데, 예를 들면, 「展示品には手をふれないでください:전시품에는 손을 대지 말아주세요」「ここではその件にふれないことにする:여기서는 그 건을 언급하지 않기로 하다」이다.

(78) 2 ひそかに 몰래

두 사람은 매주 몰래 만나고 있다.

1 이 잡지의 독자는 주로 주부이다. → おもに 주로

3 올해 여름은 매우 덥다. → やけに 몹시, 무척, 마구

4 일을 소홀히 해서 상사에게 혼났다. → おろそかに 소홀히

毎週 매주　雑誌 잡지　読者 독자　主婦 주부　今年 올해　夏 여름　仕事 일　上司 상사　叱る 혼나다

「こっそり」「そっと」와 같은 의미로서, 다른 예문을 보면, 「息子は毎日ひそかにゲームをしている:아들은 매일 몰래 게임을 하고 있다」「書類をひそかに持ち出した者がいる:서류를 몰래 꺼낸 사람이 있다」이다.

(79) 1 強引に 강제로, 억지로

어린이가 줄 안으로 억지로 밀고 들어왔다.

2 채용된 인원은 불과 얼마 되지 않았다. → わずか 불과

3 머리가 너무 아파서 병원에 갔다. → きりきり 통증이 심한 모양

4 어떻게든 도와주세요. → どうにか 어떻게든

列 열　割り込む 새치기하다　採用 채용　人員 인원　頭 머리　痛い 아프다　病院 병원　助ける 돕다, 거들다

「無理矢理に:억지로, 강제로」와 같은 표현이고, 다른 예문을 보면, 「議案を強引に通過させた:기안을 강제로 통과시켰다」「強引に反対を押しきった:억지로 반대를 무릅쓰고 강행했다」이다.

(80) 4 洗練 세련

세련된 문장으로 모두 칭찬했다.

1 재해 구조의 훈련을 행했다. → 訓練 훈련

2 그의 용기는 누가 보아도 훌륭했다. → 見事だ 훌륭하다

3 후배에게 완전히 속았다. → 見事に 완전히

災害 재해　救助 구조　行う 행하다　勇気 용기　後輩 후배
だます 속이다　文章 문장　ほめる 칭찬하다

key point

「洗練」은 「문장이나 시가, 행동 등을 보다 좋은 것으로 하다」는 의미로서, 다른 예문을 보면, 「洗練された振る舞い:세련된 행동」「洗練された話し方:세련된 말솜씨」처럼 주로 수동형으로 많이 사용된다.

(81) 4 禁物 금물

상대가 약해도 방심은 금물이다.

1 통행금지구역에 들어가서 벌금을 내었다. → 禁止 금지

2 여기서 U턴은 금지하고 있다. → 禁止 금지

3 정부는 동물의 수출을 금지했다. → 禁止 금지

通行 통행　区域 구역　罰金 벌금　政府 정부　動物 동물
輸出 수출　相手 상대　油断 방심

key point

「禁物」을 이용한 다른 예문을 보면, 「この番組は子供には禁物です:이 프로그램은 아이에게는 금물입니다」「室内での撮影は禁物です:실내에서의 촬영은 금물입니다」이다.

(82) 1 はかばかしい 진행이 순조롭다, 일이 바람직하게 되어가다

그의 기획은 생각보다 순조롭게 진행되지 않았다.

2 가족 모두는 이사 준비로 분주하다. → あわただしい 분주하다

3 항상 다른 사람에게 얻어먹더니, 뻔뻔스런 녀석이군. → ずうずうしい 뻔뻔하다

4 한국과 일본이 월드컵에서 8강에 들은 것으로 매우 떠들썩하다. → そうぞうしい 떠들썩하다

企画 기획　進む 진행되다　家族 가족　引っ越し 이사　準備 준비　おごる 한턱 내다

key point

한자로는 「捗々しい」라고 쓰며, 동사 「捗る:진척되다」도 함께 알아두자. 다른 예문을 보면 「仕事ははかばかしく進んだ:일은 순조롭게 진행되었다」「このところ商売ははかばかしくな

い:요즘 장사는 순조롭지 않다」이다.

(83) 2 称賛 칭찬

그의 용기는 칭찬할만 하다.

1 신입사원의 호칭은 무엇으로 할까 고민하고 있다. → 呼称 호칭

3 모두가 의안에, 투표로 반대 없이 찬성했다. → 賛成 찬성

4 어머니에게 엄청나게 잔소리를 들은 아이는 당장이라도 울 듯한 표정을 짓고 있다 → 文句 불평

新入社員 신입사원　迷う 망설이다　勇気 용기　値する 값어치가 있다　議案 의안　投票 투표　反対 반대　泣く 울다　동사부정형+んばかり 당장이라도~할 듯한

key point

다른 예문을 보면, 「その作品は多くの批評家の称賛を得た:그 작품은 많은 비평가의 칭찬을 얻었다」「部長は彼の勇気を称賛した:부장님은 그의 용기를 칭찬했다」이다.

(84) 1 もれる 새다

극비 정보가 다른 회사에 새어나갔다.

2 태양이 비쳐도 기온은 5도였다. → 照る 비치다

3 와인을 그 품질에 따라, 4개의 등급으로 나누었다. → 分ける 나누다

4 낙뢰로 나무의 줄기가 완전히 두 동강이 났다. → 裂ける 찢어지다, 갈라지다

極秘 극비　情報 정보　他社 다른 회사　太陽 태양　気温 기온　品質 품질　等級 등급　落雷 낙뢰　幹 줄기　真っ二つ 완전한 두 동강

key point

한자로는 「漏れる」라고 하며, 「濡れる:젖다」와 헷갈리지 않도록 하자. 다른 예문을 보면, 「管からガスが漏れている:관에서 가스가 새고 있다」「木の隙間から明かりが漏れている:나무 틈 사이로 빛이 새고(비쳐지고) 있다」이다.

(85) 3 あらかじめ 미리

미리 경고해 두겠지만, 다음 주 안으로 끝내 주세요.

1 나는 1점차로 겨우 시험에 합격했다. → かろうじて 겨우

2 과로한 나머지, 버스에 타니 손이 저절로 축 늘어졌다. → おのずから 저절로

4 내일이 마감일인데 여태껏 끝나지 않았다. → いまだ 지금까지

~点差 ~점차　試験 시험　合格 합격　働く 일하다　だらりと 힘없이 축 늘어진 모양, 축　垂れる 늘어지다, 처지다　警告 경고　~ておく ~해 두다　来週 다음 주　終わる 끝나다　締め切り 마감(일)

key point

「前もって」와 같은 의미이고, 한자로는 「予め」라고 한다. 다른

예문을 보면, 「あらかじめ手はずを整っていた:미리 준비는 해 두었다」「あらかじめご了承ください:미리 양해해 주세요」이다.

(86) 2 切断 절단
교통사고로 양다리를 절단하는 큰 부상을 입었다.

1 그는 보석세공기술의 엄청난 솜씨를 가지고 있다. → 細工 세공

3 주민이 자치단체에 대해서 자료의 열람을 청구했다. → 請求 청구

4 상세한 것은 안내 데스크에 문의해 주세요. → 詳細 상세

宝石 보석　技術 기술　腕 팔, 솜씨　交通事故 교통사고　両足 양다리　怪我 부상　負う 입다　住民 주민　自治体 자치단체　資料 자료　閲覧 열람　案内 안내　問い合わせ 문의

key point

일반적으로 「切断する・切断される」라는 표현으로 많이 사용하며, 다른 예문으로는, 「切断された指を付けた:절단된 손가락을 붙였다」「道路が数ヵ所にわたって切断された:도로가 몇 군데에 걸쳐 절단되었다」이다.

(87) 1 はかる 도모하다
시스템이 나빠서 개선을 도모했다.

2 그는 자신이 하고 싶다고 욕심을 부리고 있다. → はる 욕심이나 허세를 부리다

3 장해를 극복한 그는 결국 우승까지 했다. → のりこえる 극복하다

4 교수님은 일본역사에 대해서 언급했지만, 나는 잘 몰랐다. → ふれる 언급하다

改善 개선　欲 욕심　障害 장애　結局 결국　優勝 우승　教授 교수　歴史 역사

key point

「はかる」는 「재다, 자문하다」는 의미도 있는데, 예문을 보면, 「湯がわくまでの時間をはかってみよう:물이 끓을 때까지의 시간을 재어보자」「部長にはかってからお返事します:부장님께 자문하고 나서 답변하겠습니다」이다.

(88) 3 未だに 여태껏
나는 여태껏 애인이 있었던 적이 없습니다.

1 전문 경영자치고는, 너무 회사에 대해서 모르는 사람이다. → あまり 그다지, 별로

2 회사의 업적 여하에 따라, 사원이 받는 보너스의 차이가 많이 나온다. → たくさん 많이

4 그의 책이 26일부터 세계에서 일제히 발매된다. → いっせいに 일제히

専門 전문　経営者 경영자　業績 업적　~いかんによって

~여하에 따라　社員 사원　差 차이　本 책　世界 세계　発売 발매

key point

한자에 유의하도록 하고, 다른 예문을 보면, 「こんな大きな舞台は未だに見たことがない:이런 큰 무대는 여태껏 본 적이 없다」「未だに彼を恨んでいる:여태껏 그를 원망하고 있다」이다.

(89) 4 介護 병간호, 병시중, 병수발
딸이 어머니의 병간호를 하고 있다.

1 이 세탁기는 내구성이 부족하다. → 耐久性 내구성

2 체질을 생각해서 약을 선택하는 편이 좋다. → 体質 체질

3 겸손한 그는 다른 사람에 대해서도 겸허하다. → 謙虚 겸허

洗濯機 세탁기　乏しい 결여되다, 부족하다　薬 약　選ぶ 선택하다　頭が低い 겸손하다　娘 딸

key point

「介護」는 직역을 하면 한국어에 없는 단어이므로 반드시 암기하도록 하자. 「看護:간호」는 전문적인 것을 나타내지만, 「介護」는 누구라도 할 수 있는 「병수발」을 의미한다.

(90) 2 収穫 수확
올해 쌀의 수확량은 좋지 않았다.

1 부상당한 코끼리를 치료하기 위해 포획했다. → 捕獲 포획

3 올 한 해만으로 획득한 상금이 1억 엔을 넘었다. → 獲得 획득

4 선거위반의 용의로 후보자를 체포했다. → 逮捕 체포

怪我する 부상당하다　象 코끼리　治療 치료　米 쌀　量 양　賞金 상금　越える 넘다　選挙違反 선거위반　容疑 용의

key point

다른 예문을 보면, 「農家はじゃがいもの収穫で忙しい:농가는 감자의 수확으로 바쁘다」「彼と長い間話し合ったがこれといった収穫はなかった:그와 오랫동안 서로 이야기했지만 이렇다 할 수확은 없었다」이다.

(91) 4 うとい 잘 모르다, 사정에 어둡다
저는 최근에 유행하는 만화에 완전히 어두운 사람입니다.

1 이 방은 낮에도 어둡습니다. → 暗い 어둡다

2 몸이 나른하다, 무겁다고 느끼면 바로 병원에 가 주세요. → だるい 나른하다

3 나는 손톱이 약해서 깨지기 쉽습니다. → もろい 약하다, 여리다 깨지기 쉽다

部屋 방　昼間 낮　体 몸　重い 무겁다　感じる 느끼다　病院 병원　爪 손톱　割れる 깨지다　最近 최근　はやり 유행　漫画 만화

key point

「うとい」는 「(사이가) 멀다, 소원하다」는 의미도 있는데, 예문을 보면, 「卒業後、友達とお互いにうとくなった:졸업 후,

친구와 서로 소원해졌다」이다.

(92) 3 認識 인식

자신의 입장을 잘 인식하고 행동하세요.

1 인공인지 천연인지 식별하기 어려운 재료이다. → 識別 식별

2 에코마크는 환경보전에 도움이 된다고 인정된 상품에 붙여지는 마크입니다. → 認定 인정

4 방에 아무도 없는지 확인해 주세요. → 確認 확인

人工 인공　天然 천연　材料 재료　環境 환경　保全 보전
役立つ 도움이 되다　商品 상품　立場 입장　行動 행동　部屋 방

key point

「認識」이 들어가는 다른 예문을 보면, 「この問題の重要性はまだ十分に認識されていない:이 문제의 중요성은 아직 충분히 인식되지 않았다」「その人に対する認識を改める必要がある:그 사람에 대한 인식을 새롭게 할 필요가 있다」이다.

(93) 2 とりあげる 문제삼다

그 스캔들은, 국회에서도 문제 삼을 만큼의 소동이 되었다.

1 우주개발은 많은 연구자가 이미 연구하고 있는 분야입니다. → 取り組む 몰두하다, 연구하다

3 음주운전을 단속해도 위반은 줄지 않았다. → 取り締まる 단속하다

4 중요한 물건이니까 주의해서 다루어 주세요. → 取り扱う 취급하다

宇宙 우주　開発 개발　研究者 연구자　すでに 이미　分野 분야　国会 국회　騒動 소동　飲酒運転 음주운전　違反 위반
減る 줄다　大事だ 중요하다　気をつける 주의하다

key point

「とりあげる」는 「채택하다, 징수하다, 몰수하다」는 의미도 있는데, 예문을 보면, 「議題としてとりあげた:의제로서 채택하였다」「弁護士の資格をとりあげられた:변호사 자격을 박탈당했다」이다.

(94) 2 ぎっしり 빽빽이

채소가 냉장고에 빽빽이 차 있다.

1 왠지 모르겠지만 식후 딱 1시간 지나면 위가 아파집니다. → きっかり 딱, 정확하게

3 저 만큼 열심히 했지만, 모두 허무한 노력이었다고 알고 실망했다. → がっかり 실망하는 모양

4 돈을 빌려 달라고 부탁 받았지만 딱 거절했다. → きっぱり 단호히

経つ 경과하다　胃 위　痛い 아프다　野菜 야채　冷蔵庫 냉장고　詰まる 차다　努力 노력　貸す 빌려주다　頼む 부탁하다　断る 거절하다

key point

「いっぱい」와 같은 의미인데, 다른 예문을 보면, 「ぎっしりと書かれた手紙:빽빽이 쓰여진 편지」「トランクにぎっしり詰め込んだ:트렁크에 빽빽이 채웠다」이다.

(95) 3 正規 정규

정규 절차를 밟아주세요.

1 자를 사용하지 않고 직선을 긋는 것은 힘들다. → 定規 자

2 일본과 모나코 사이에는, 정식적인 형태의 외교관계는 없다. → 正式 정식

4 교통규칙은 반드시 지켜 주세요. → 規則 규칙

使う 사용하다　直線 직선　線をひく 선을 긋다　難しい 어렵다　形 형태　外交 외교　関係 관계　手続き 수속　踏む 밟다　交通 교통　守る 지키다

key point

「定規:자(줄자, 삼각자 등)」과 구분하도록 하자. 다른 예문을 보면, 「正規の授業:정규수업」「正規外の科目:정규 외 과목」이다.

(96) 1 委嘱 위촉

그가 위원에 위촉되었다.

2 자동차와 자동차의 가벼운 접촉사고라면 현장에서 해결해도 된다. → 接触 접촉

3 최근, 잇달아 위조 수표가 발견되었다. → 偽造 위조

4 저 아이는 머리가 좋아서 장래가 촉망되고 있다. → 嘱望 촉망

委員 위원　軽い 가볍다　事故 사고　現場 현장　解決 해결　将来 장래

key point

「委嘱」은 「일정기간, 특정한 일을 다른 사람에게 맡기는 것」을 의미한다. 다른 예문을 보면, 「私は式典音楽の作曲を委嘱された:나는 식전 음악의 작곡을 위촉 받았다」「執筆を委嘱された:집필을 위촉 받았다」처럼 주로 「委嘱される」라는 수동형으로 많이 사용된다.

(97) 1 台無し 엉망이 됨

모처럼의 여행이 큰비로 엉망이 되어 짜증난다.

2 자원봉사로서 아프리카에 갔지만 비참한 광경으로 놀랐다. → 悲惨だ 비참하다

3 장관은 개혁의 필요를 강조했다. → 強調 강조

4 전망이 좋은 땅을 찾고 있습니다. → 見晴らし 전망, 조망

旅行 여행　大雨 큰비　光景 광경　驚く 놀라다　大臣 장관　改革 개혁　必要 필요　土地 토지　探す 찾다

key point

「台無し」는 한자 자체에서는 그 의미를 파악할 수 없으므로 반드시 암기하도록 하자. 다른 예문을 보면, 「ちょっとした誤算が

彼の未来を台無しにしてしまった:조그마한 오산이 그의 미래를 엉망으로 해 버렸다」「あの看板のせいで景色が台無しだ:그 간판 탓으로 경치가 엉망이다」이다.

(98) 3 きゃしゃだ 가냘프다

스포츠 선수치고는 가냘픈 체격이다.

1 줄거리는 단순하지만 재미있는 영화였다. → 単純だ 단순하다

2 시합에 임함에 있어서, 상대의 약점을 철저하게 연구했다. → 徹底的に 철저하게

4 그렇게 까지 걱정할 필요는 없다. 별 것 아니니까. → たいした 대단한

すじ 줄거리 映画 영화 試合 시합 臨む 임하다 相手 상대 弱点 약점 選手 선수 体つき 체격 心配 걱정 〜にはあたらない ~할 필요는 없다

key point

「섬세함, 약함」이라는 의미도 가지고 있는데, 예문을 보면, 「きゃしゃなつくり:섬세한 만듦새」「きゃしゃな男の子:약한 남자 아이」이다.

(99) 4 整然 정연히

야마다 교수의 책장은 항상 책이 정연히 나열되어 있다.

1 시스템이 완벽해서 개선할 곳이 없다. → 改善 개선

2 호경기로 국제수지가 좋아졌다. → 収支 수지

3 이것이 당신 물건인지 확인해 주세요. → 確認 확인

完璧 완벽 好景気 호경기 国際 국제 教授 교수 本棚 책장 並べる 나열하다

key point

「整然」은 「질서 바르게 갖추어져 있는 모습」을 의미하는데, 다른 예문을 보면, 「彼らは整然と並んでいる:그들은 바르게 줄 서 있다」「彼は整然とした理論の持ち主である:그는 정연한 이론을 가진 사람이다」이다.

(100) 2 〜始末だ ~하는 꼴(형편)이다

내일 중요한 회의가 있다고 해도 또 지각하는 꼴이다.

1 새로운 환경에 적응하는 것은 시간이 걸린다. → 適応 적응

3 숲에 사는 야생 동물을 관찰했다. → 観察 관찰

4 그녀의 열의가 있는 연설에 모두 감동했다. → 感動 감동

環境 환경 大事 중요함 会議 회의 遅刻 지각 森 숲 野生 야생 熱 열의 演説 연설

key point

명사로서 「(일의) 매듭, 처리, 처치, 정리」라는 의미도 있는데, 예문을 보면, 「始末をつける:매듭을 짓다」「火の始末をする:불(이 꺼졌는지) 단속을 하다」이다.

상상 N1 문자 어휘

초판인쇄_ 2018년 10월 1일
초판발행_ 2018년 9월 20일
저자_ 이장우
펴낸이_ 이장우
펴낸곳_ 도서출판 예빈우
등록일자_ 2014년 1월 17일
등록번호_ 제 398 - 2014 - 000001호
주소_ 경기도 구리시동구릉로129번길24, 103동 801호 (인창동 성원아파트)
전화_ 070-8621-0070   팩스_(051) 558 - 2238
홈페이지_ www.leejangwoo.com (이장우닷컴)
이메일_ jpt900@hanmail.net

ISBN 979-11-954011-2-3 / 세트 979-11-954011-0-9 (14730)